Os Doze Raios e a Expansão da Consciência

Espiritualidade para uma Nova Vida

Maria Silvia P. Orlovas
Canalizada e orientada por: Vywamus

Os Doze Raios e a Expansão da Consciência

Espiritualidade para uma Nova Vida

MADRAS®

© 2017, Madras Editora Ltda.

Editor:
Wagner Veneziani Costa

Produção e Capa:
Equipe Técnica Madras

Revisão:
Wilson Ryoji Imoto
Carolina Hidalgo Castelani
Neuza Rosa

Dados Internacionais de Catalogação na Publicação (CIP)
(Câmara Brasileira do Livro, SP, Brasil)

Orlovas, Maria Silvia P. Orlovas
Os Doze Raios e a expansão da consciência/
Maria Silvia P. Orlovas; canalizada e orientada por Vywamus.
São Paulo: Madras, 2017.
3ed
ISBN 978-85-370-0421-0
1. Consciência 2. Doze Raios (Ocultismo)
3. Grande Fraternidade Branca 4. Mestres Ascensos
5. Ocultismo I. Vywamus. II. Título.
08-10297 CDD-299.93
                Índices para catálogo sistemático:
      1. Mestres Ascensos: Expansão da consciência:
        Grande Fraternidade Branca: Religiões da
               natureza universal 299.93

Proibida a reprodução total ou parcial desta obra, de qualquer forma ou por qualquer meio eletrônico, mecânico, inclusive por meio de processos xerográficos, incluindo ainda o uso da internet, sem a permissão expressa da Madras Editora, na pessoa de seu editor (Lei nº 9.610, de 19.2.98).

Todos os direitos desta edição reservados pela

MADRAS EDITORA LTDA.
Rua Paulo Gonçalves, 88 – Santana
CEP: 02403-020 – São Paulo/SP
Caixa Postal: 12299 – CEP: 02013-970 – SP
Tel.: (11) 2281-5555 – Fax: (11) 2959-3090
www.madras.com.br

Índice

Um Novo Começo 9
A Inspiração para os Doze Raios 13
    8º Raio — Chama Verde-azulado ou Água-marinha 18
    9º Raio — Chama Magenta ou Pink 19
    10º Raio — Chama Dourado Solar 19
    11º Raio — Chama Pêssego ou Alaranjada 20
    12º Raio — Chama Branco Opalino ou Furta-cor 21
Vozes em Minha Vida 25
Cada um é seu Instrutor 31
Reconhecendo a Sombra 39
Aprendendo a Navegar 43
    Primeiro Raio — Chama Azul 46
        A Chama Azul e a Proteção do Arcanjo Miguel 51
        Meditação da Chama Azul com o Arcanjo Miguel ... 54
        Meditação: Cortando os Laços com o Arcanjo Miguel 55
A Lição de um Quilo de Sal e de Açúcar 57
    Segundo Raio — Chama Amarela 62
        Meditação da Chama Amarela — Margarida 68
O Barro como Condutor 69
    Terceiro Raio — Chama Rosa 71
        Meditação da Chama Rosa com Flor Cor-de-Rosa 73
Mundos Diferentes 75
    Terceiro Raio — Chama Rosa 78

Meditação da Chama Rosa com Bolas de Luz 81
Olhar, mas não Carregar 83
   Quarto Raio — Chama Branca 86
   Meditação da Estrela Reluzente de Seis Pontas 89
A História do Barqueiro 91
   Quinto Raio — Chama Verde 95
   Meditação da Chama Verde 99
Quando Deus nos Pega no Colo 101
   Sexto Raio — Chama Rubi 106
   Meditação no Templo Rubi Dourado 108
O Tempo da Ação Divina em sua Vida 111
   Sétimo Raio — Violeta 114
   Meditação de Cura com a Chama Violeta 116
Tocando Corações 119
   Sétimo Raio — Violeta 124
   Meditação do Fogo Sagrado em Espiral 127
Xamãs Dançarinos do Caos 129
   Oitavo Raio — Verde Água-marinha 133
   A presença de Yemanjá 137
   Meditação da Chama Verde Água-marinha 137
Nas Nascentes dos Rios Fiz Minha Morada 139
   Nono Raio — Magenta 141
      O 9º Raio Chama Magenta e a Energia da Grande Mãe 142
   Meditação e Oração da Divina Presença 146
O Amor de Clara por Francisco 144
   Décimo Raio — Dourado 153
      Anjos de Luz do Raio Dourado 156
   Meditação do Raio Dourado — Pôr-do-sol 156
As Estrelas Estão mais Perto das Crianças 159
   Décimo Primeiro Raio — Pêssego 161
   Meditação da Chama Pêssego e a Árvore da Vida 166
Aprendendo com as Diferenças 167
   Décimo Segundo Raio — Branco Opalino — Furta-cor 171
   Meditação da Chama Branca Opalina — Furta-cor 175

Um Novo Começo

No caminho do autoconhecimento parece que cada dia um novo sol cruza o céu interior e luzes diferentes emanam do Astro-rei dizendo que uma nova página de nossa vida poderá ser escrita por nós com arte e amor, ou com tristeza e dor, pois tudo depende da forma que vemos a vida e reagimos aos desafios diários.

Foi com certa dificuldade que entendi que a expansão da consciência é exatamente essa abertura amorosa para perceber a vida à nossa volta. Acho que, como a maioria das pessoas, pensava em expansão de consciência como um estado espiritual avançado que era alcançado por pessoas muito especiais, e que se dedicavam ao caminho espiritual também de forma especial. Hoje percebo que pessoas normais podem acessar essa expansão já que esse movimento depende de uma intenção em abrir a mente para ver a vida sem ilusões ou excesso de desejo de viver apenas a felicidade.

Entendi também que quanto mais tratarmos de expandir a consciência, menos exigência teremos frente ao mundo à nossa volta pelo simples fato de que este mundo será bom. Quero dizer que aprendi com os mestres de Luz que é fundamental nesse caminho aceitar aquilo que a vida nos apresenta e ver o destino de forma leve mesmo quando as coisas nos contrariam.

Quando um mentor me explicou que a contrariedade é uma doença do ego, muitas pequenas peças se encaixaram em mim. Entendi que abrir é também soltar e não desejar conduzir a vida apenas por horizontes conhecidos.

Expandir quer dizer recomeçar, mas devo confessar que um novo começo não é uma tarefa fácil para a mente consciente tão necessitada de entendimento racional para decodificar os fatos simples da vida.

Podemos até imaginar que, se a racionalidade é um atributo divino para um passeio mais consciente no percurso do espírito na Terra, deveria ser simples perceber e aceitar as coisas à volta, mas por conta das nossas prisões mentais nem sempre a percepção do novo se abre para nós. Vejo muito isso nos atendimentos terapêuticos que faço há mais de dez anos em Vidas Passadas, em que percebo que as pessoas repetem vida após vida os mesmos padrões de comportamento. Tudo na busca de a alma se libertar.

Vejo que o ser humano precisa tanto de segurança que exige de si mesmo trilhar caminhos conhecidos e dificilmente aceita o novo. Mas o novo está na nossa frente a todo momento. Observe que é só completarmos um percurso que já surgem novos desafios. Acho que podemos chamar esse constante movimento de vida.

Nesse contexto desafiador de crescimento e expansão coloco também a nossa mente. Expandir a consciência não é um processo simples nem se faz apenas frequentando cursos e aprendendo coisas como acontece com o processo racional. A mente no sentido mais amplo engloba consciência, amor e serviço, porque, como os mestres de Luz ensinam, é o amor a argamassa deste nosso mundo e sem ele nada se edifica.

De acordo com os ensinamentos dos mestres da Fraternidade Branca, sem amor seríamos como uma casa sem alicerce, um filho sem mãe, um corpo sem ossos. Para eles, expandir a consciência é um processo amoroso e natural, mas não linear. O que significa que podemos dar grandes saltos sem imaginar de que forma isso acontece. No conhecimento racional o aprendizado necessita de sequência lógica, amadurecimento e treino, porém na expansão espiritual muitas etapas podem ser puladas sem prejuízo do resultado final se assim for a sua história.

Aprendi que a interferência divina pode nos salvar de aprendizados dolorosos e cansativos quando entendemos que não é necessário viver tão profundamente um estado de dor. Pessoalmente já vi libertações incríveis quando as pessoas compreendem que não é mais necessário sofrer. Assisti em sessões mediúnicas a verdadeiros milagres para a mente racional, mas coisas simples para a mente expandida.

Percebo que a canalização das energias divinas é possível para todos nós, porém a conexão só acontece com o coração aberto e em estado de doação que somente alguns alcançarão.

Quando o sensitivo canaliza energias luminosas não o faz apenas para si mesmo, mas para compartilhar com o próximo, sejam ensinamentos para uma vida melhor ou vibrações para a cura do grupo. Afinal, se todos somos um, nada mais natural do que a energia curar todo o grupo.

Seguindo por essa ideia de expansão da consciência e da canalização, notei que a partir de 2005, numa fase de grandes mudanças e algum sofrimento em minha vida, energias diferentes foram se manifestando. A princípio, isso aconteceu em meditações para cura de meus clientes e posteriormente em grupos, como vou narrar neste livro. Da mesma forma que há anos, quando entrei em sintonia com os Sete Raios principais, outras vibrações foram se manifestando no meu trabalho como sensitiva.

Como compreendera que os mestres não estão aprisionados aos Sete Raios principais, e que esses raios são vibrações de energia codificadas por nós como escolas de sabedoria, não impedi essas manifestações.

A primeira vibração que veio muito forte foi o raio alaranjado, ou pêssego, com a energia da libertação amorosa e da renúncia dos frutos da ação. Uma energia absolutamente necessária dentro do caminho do crescimento espiritual. Fui ensinando meus clientes e alunos a entrarem nessa vibração pedindo pela graça divina na solução de questões, em vez de justiça. Como aprendi com os mestres, a justiça pode ser muito pesada para nós, já que normalmente só tomamos conhecimento de coisas do presente sem saber exatamente onde nasceram as diferenças que estamos enfrentando. Todavia, nunca devemos esquecer de que para toda ação existe uma reação, assim com certeza nós colhemos o que plantamos. Nessa vibração desde sempre trabalhei com meus alunos a entrega ao eu divino. Comentava com eles que o laranja era a cor dos monges renunciantes, e que o propósito divino só poderia se manifestar em nossas vidas quando abríssemos mão do desejo de controlar tudo. E que somente assim daríamos espaço real para a manifestação da alegria e do entusiasmo pela vida.

    Outra vibração que se manifestava com frequência era o *pink*, conhecido por outros autores como magenta, uma cor linda, feminina e forte. Por intuição comecei trabalhar a magia do magenta como uma energia de conexão com o sagrado feminino. No caso das mulheres, ficava forte a necessidade de autovalorização, de ver a si mesma com amor, favorecendo a autoestima. Como aconteceu de no meu trabalho atender muitas mulheres, acabei desenvolvendo a habilidade de dar conselhos sobre vida a dois e os encontros amorosos, e percebi que fazia muito sentido associar a presença divina ao raio magenta, porque sem amor, sem autoaceitação, Deus não se manifesta na nossa vida nem parceiros amorosos chegarão até nós. Claro que entendi que estava sendo preparada há muitos anos para me colocar nessa posição de conselheira sentimental. Devo confessar que já passei por muitas situações amorosas complicadas ao longo da minha vida e também no ano de 2005 esse aprendizado acelerou por conta de artigos que escrevi para um *site* muito interessante voltado ao autoconhecimento, o "Somos todos um". Sem perceber, os artigos que escrevia abordando a Terapia de Vidas Passadas, o aprendizado da alma e as convivências acabavam se direcionando para amor, sexo, felicidade a dois, enfim, situações de relacionamento íntimo e espiritual. Com o tempo recebi inúmeros *e-mails* e conheci milhares de histórias, o que a cada dia me fez expandir mais percepção do aprendizado divino em cada caso. Tudo isso foi uma bênção e um preparo para abordar a vibração do raio magenta. Ou seria essa vibração tomando conta de mim?

    Já o raio dourado apareceu com a manifestação dos anjos solares que se mostraram em meditações para curar depressão e conectar novamente o eu humano ao eu divino. Como sempre faço no final da sessão de Terapia de Vidas Passadas, ensino uma meditação especial para ajudar a pessoa na expansão da sua visão sobre si mesma e sobre os fatos de sua vida. Quando o problema era depressão, ou dissociação das questões do mundo, e a pessoa desejava fugir de seus conflitos, esses anjos se manifestavam e eu direcionava a meditação para a percepção dessa energia de força e poder.

Muitas vezes associei essas três vibrações em meditações para cura de padrões mentais negativos. Refiro-me aos raios pêssego, magenta e dourado em sintonia. Percebo neles uma complementação retratada pelas cores do pôr-do-sol.

O raio verde-azulado ou água-marinha, que chamo de tônico do corpo áurico, apareceu em sintonia com a chama verde ou a azul trabalhando simultaneamente vibrações de cura e conexão com a fé e a vontade pessoal. Percebi que as pessoas enfraquecem na fé e com isso deixam de vibrar essa linda luz água-marinha ou verde-azulado em seu corpo fluídico. Entendi também que é nesse corpo que atuam os banhos de ervas. Ficou claro que as ervas ajudam o homem nesse processo de expansão da consciência limpando os miasmas dos maus pensamentos e desde então passei a respeitar cada vez mais a força da natureza e de seus elementais, que hoje associo a um ritual de ancoragem da vibração do eu divino e mais para a frente vou abordar neste livro.

O raio branco opalino, com nuances de cores luminosas, se mostrou fortemente para mim especialmente de tensão nos quais a paz deveria limpar os corações, e especialmente em visões que tive em estado alterado de consciência. Sua presença me foi mostrada, por exemplo, no acidente da queda de um avião em São Paulo. Na ocasião pedi autorização ao plano espiritual para de alguma forma entender o que estava acontecendo naquele desencarne coletivo. Foi mostrado o local do acidente envolvido nesse raio opalino, tudo estava cercado por essa névoa luminosa cheia de conforto e paz. Até escrevi um artigo sobre esse assunto descrevendo a minha visão, porque percebi a necessidade de as pessoas receberem conforto espiritual em um momento de grande sofrimento. Nos grupos fizemos orações pedindo conforto para todos aqueles que estavam sofrendo. Dessa forma, contribuímos como pudemos pelo bem dos demais. Na ocasião percebi que o raio opalino aliviou a visão terrena da dor para abrir espaço para o entendimento e a cura.

Assim, nesse novo momento entendi que essas energias estavam tocando a minha vida e que mudanças profundas aconteciam no meu corpo sutil. Aliás, as mudanças são reais para todos nós. Afinal, se estamos neste mundo aprendendo, desenvolvendo habilidades, nada mais natural do que trilhar novos caminhos.

Hoje compreendo de forma muito mais aberta a ação dos raios divinos na vida humana. Vejo que essas vibrações estão o tempo todo à nossa volta, como ondas de rádio, porém como nossos pensamentos e emoções são muito densos não conseguimos perceber sua presença.

Ao longo desses anos de prática espiritual, orações e estudos percebi o enorme valor do relaxamento e da meditação porque quando deixamos de lado nossas preocupações com as questões da vida diária e nos afastamos também dos desejos e insatisfações alcançamos um estado de maior paz e harmonia, mas isso não é fácil, porque basta pensar em meditar que as pessoas já ficam inquietas. Poucos conseguem deixar a energia fluir de verdade, por isso incentivo a formação de grupos de meditação, oração, ioga, pois sei da validade dessas práticas para a expansão da consciência. Afinal, se ainda não sabemos fazer algo que nos fará bem, podemos aprender ou pelo menos tentar colocar em prática o que já conhecemos. Os mestres ensinam que os limites são colocados por nós mesmos e nossas crenças.

Neste livro vou abordar os processos que aprendi ao longo desses anos de convívio com os mestres de Luz e compartilhar com vocês minhas experiências, canalizações, mensagens e histórias. Não tenho a intenção de fazer um manual, mas devo dizer que tentarei colocar tudo o que aprendi de forma simples e direta.

Muitas coisas que intuí e recebi em canalizações depois fui pesquisar em livros e me deparei com a visão e o estudo de outros autores que oportunamente citarei. Como toda pesquisa, sei que este estudo não tem fim e sinto que sempre terei coisas novas para colocar no papel. Da mesma forma entendo que a mediunidade, como um canal de cura, será sempre apurada e lapidada com o nosso crescimento e maturidade; assim tenho a certeza absoluta de que logo mais terei novamente histórias para contar para você, recomeçando novamente como deve ser...

A Inspiração para os Doze Raios...

Acho que pelo menos uma vez na vida nos perguntamos por que encarnamos. Infelizmente percebo que essas indagações sempre acontecem quando enfrentamos problemas difíceis como desencontros amorosos, a perda de um emprego, uma doença ou morte na família. Parece que quando nos falta algo muito importante questionamos a validade de nossa experiência na Terra, porém poucos entre nós têm fortemente enraizada na consciência a importância do aprendizado emocional, racional e espiritual que a experiência neste planeta oferece.

A maioria das pessoas se dedica a estudar e adquirir conhecimento, habilidades e bens materiais, e quando a vida flui com naturalidade está tudo bem, porém quando os desacertos tomam proporções maiores corre-se para pedir ajuda espiritual, e se o desespero for grande, os critérios normalmente diminuem criando uma espécie de vale tudo para se safar do sofrimento, porém quando alguns se deparam com esses desafios descobrem que junto com os problemas e a busca de soluções um caminho poderoso cheio de respostas e alegrias se abre para o buscador. Nessa sintonia encontramos a maioria dos simpatizantes dos ensinamentos da Fraternidade Branca.

Sempre explico para meus alunos que os mestres de Luz não estão presos às Chamas ou escolas espirituais que chamamos de Raios Divinos. Ao contrário, eles vibram em sintonia com essas energias.

Meu caminho com a Fraternidade Branca se mistura com o desenvolvimento mediúnico. Criada numa família de mente aberta à espiritualidade, participei e vivenciei de tudo um pouco como conto nas páginas seguintes. Foi e é um longo caminho esse da minha iniciação. Como acontece com as almas comprometidas com o trabalho de conexão do eu humano com o eu divino, venho passando vida após vida por iniciações que me colocam hoje na condição de ajudar as pessoas na sua própria conexão.

Hoje entendo que só podemos tirar as vendas dos olhos quando estamos prontos para ver o mundo sem tantas críticas, quando o nosso coração está aberto ao outro, quando, como os mestres ensinam, estamos prontos para perceber que o sofrimento nasce da ignorância de nossa origem divina.

Os sete Raios se manifestaram como visão espiritual na minha infância e depois chegaram com informações mais profundas em canalizações que fiz em grupos de cura e meditação abrindo um lindo portal de conhecimento e luz que recebeu a designação de Alpha Lux, que também é o nome do meu espaço de trabalho em São Paulo.

Os mestres foram se mostrando e passando ensinamentos que desde então disponibilizo nos meus livros, no meu *site*, e em palestras e grupos voltados ao desenvolvimento espiritual.

Senti em meados de 2005, depois de uma viagem de cunho espiritual para a Índia, onde estive mais uma vez na presença de Sathya Sai Baba,[1] uma forte necessidade de mudanças. Algumas coisas na minha vida pessoal não estavam boas e como sempre acontece, o que está dentro também está fora, pois neste mundo a vibração muitas vezes gera esse tipo de inquietação. Assim, quando em junho deste ano o grupo que trabalhava comigo se dissolveu, constatei que realmente algo novo estava acontecendo, e foi nessa época que comecei receber a vibração curativa de mais cinco Raios Divinos que atuam nos planos vibracionais.

---

1. Sathya Sai Baba é considerado um Avatar, ou um ser divino que encarna sem Carma, apenas para trazer luz e ajudar a humanidade. Ser de infinita sabedoria e amor que atua no despertar da consciência.

Plano etéreo, onde vibra a nossa aura, plano astral, onde vibra o nosso emocional, plano mental, onde podemos mudar nossa forma de pensar, plano intuitivo, onde permitimos que ideias novas entrem na nossa sintonia, e o plano espiritual, que liberta questões cármicas em níveis elevados.

Na verdade, essas vibrações vieram como sentimentos, ideias de libertação tão necessárias e também um certo desconforto, porque nem tudo é naturalmente assimilado, pois eu, como a maioria das pessoas, levo um tempo para me adaptar ao novo. E o conceito da ação de mais cinco Raios era então algo muito novo.

Como já escrevi anteriormente, nunca imaginei uma limitação para a ação divina, na verdade meu espírito buscava uma libertação de regras e dogmas porque acredito fundamentalmente na prática, na ação amorosa e na expansão do amor, e não em receitas prontas para a vida. Assim, desejava uma expansão em tudo o que fazia e não imaginava que isso aconteceria percebendo a ação dessas energias divinas.

Quando recebi essa canalização do orientador Vywamus sobre a ação dos 12 Raios que apresento a seguir, percebi que era a ligação que faltava para alinhar tantos outros ensinamentos acumulados nos últimos anos e a inspiração para a publicação deste novo livro. Veja o que ele diz:

Mensagem recebida dia 5 de setembro de 2007

Dentro de um processo de autoconhecimento o homem é convidado a desenvolver habilidades específicas na Terra. Elas foram desde tempos remotos codificadas por grandes magos, conhecedores da ciência oculta, que compreenderam os portais abertos no eu humano como um processo importante na evolução.

Assim, você perceberá a importância do domínio e compreensão dos sete chacras principais sob a influência dos sete Raios primordiais. Acreditamos que basta ao homem compreender que deve a princípio trabalhar no seu próprio ser os centros pessoais de poder para dar o primeiro passo para a libertação de questões cármicas importantes.

No sagrado oculto podemos perceber a correlação dos sete Raios Primordiais com os sete chacras e as forças da natureza, pois aquilo que está fora tem profunda e intrínseca relação com o que está dentro, já que o homem reverbera dentro de si nos centros de poder o que precisa dominar para se libertar dos ditames da matéria. Libertar nesse caso não significa morrer, porque o corpo facilmente se refaz pela lei da Causa e Efeito que naturalmente gera sua próxima encarnação em outro invólucro humano. Libertação ou ascensão significa assumir a maestria sobre si mesmo.

Veja a conexão dos centros de poder dos **sete chacras** e a energia dos **sete Raios Primordiais**. Mas lembre-se que os Raios são energias poderosas que atuam em liberdade em **todo o corpo, mente e espírito**. São vibrações que estão em tudo neste planeta, inclusive no sistema glandular associado aos chacras, e têm total flexibilidade para agir em todos eles.

Neste exercício passado por Vywamus você poderá comprovar em si mesmo o poder dessas energias espirituais.

Primeiro Chacra Básico se harmoniza com o **6º Raio Chama Rubi**, porque somente descobrindo o poder mágico do serviço e da compaixão o homem dominará seus instintos inferiores. Quando o homem passa a enxergar o outro e suas dificuldades expande a consciência e se focaliza no princípio divino, é o fim do egoísmo, e cessam as dores do ego e da vaidade que tanta insegurança causam nas pessoas.

Vibra também em sintonia com o **1º Raio Chama Azul** da força de vontade e do despertar do poder pessoal. O homem deve olhar ao próximo com coragem, mas primeiro precisa se aceitar, cuidar de si mesmo, completar tarefas iniciadas e resolver questões de autoestima.

Para a cura o **5º Raio Chama Verde** também pode ser usado com sucesso já que essa vibração de cura serve em todas as questões em desalinho ou doentes.

Segundo Chacra da Sexualidade se relaciona com o poder do **5º Raio Chama Verde** curando o centro da manifestação da vontade sexual. A força do segundo chacra neste momento está na maioria das pessoas em profundo desencontro e no estado de absoluta secura. A chama verde é fundamental, pois as pessoas se esquecem de que prazer também deve significar amor. Sexo apenas como prazer físico leva à desarmonia e à doença.

Neste caso também podemos usar a vibração do **6º Raio Chama Rubi** para abrir a questão afetiva para a doação e também trazer suavidade nas questões afetivas. Devemos lembrar que pelo contato sexual é gerada uma nova vida e que a gestação deve ser um ato de amor. O **1º Raio Chama Azul** também pode ser usado para fortalecer as questões relacionadas à autoestima que também afetam o segundo chacra.

Terceiro Chacra Plexo solar, como o nome diz, relaciona-se com o **2º Raio Chama Amarela** da sabedoria, porque somente essa luz vence as perplexidades do emocional turbulento. Afinal de contas, para uma emoção equilibrada é preciso também ser racional, lúcido e equilibrado. Nos casos de emoções tristes e sem amor, o **3º Raio Chama Rosa** deve ser ativado para trazer paz e esperança a quem sofre por amor.

Quarto Chacra Cardíaco vibra no profundo **3º Raio Chama Rosa** do amor. Já aprendemos que o amor é o poder maior da cura e libertação. Esse centro de poder tem uma profunda força libertadora que desperta e envolve todo o ser e pode facilmente levá-lo à ascensão no nível intenso, profundo e verdadeiro. O **5º Raio Chama Verde** vibra fortemente neste centro de amor, pois é através desse ponto que oferecemos amor e cura ao mundo à nossa volta. O amor ativa a cura e a fé do **6º Raio Chama Rubi**.

Quinto Chacra relacionado à fala e à expressão sendo o ponto da garganta, o laríngeo, que se relaciona com a **1º Raio Chama Azul** e a pureza da fala. Nos remete às qualidades de flexibilidade e autor-regeneração. Lembre-se das águas e do seu poder autotransformador. Energias paradas nessa região podem levar o homem a prisões terríveis de autojulgamento e criar condições externas adversas para a vida das pessoas. Quando você julga as atitudes alheias isso reflete diretamente na sua vida. Pode ser até que você não expresse em palavras, mas o outro recebe o seu julgamento. Outra vibração importante nesse chacra é a do **5º Raio Chama Verde** da cura que traz a eloquência do pensamento e das palavras pela prática da verdade. O **2º Raio Chama Amarela** também é muito importante em tudo o que se relaciona à fala e ao julgamento que são energias associadas a esse chacra, pois devemos ser sábios ao julgar as pessoas e ao pensar sobre a vida. Não podemos também esquecer de ativar o **3º Raio Chama Rosa** do amor, porque se não tivermos amor nas palavras de nada adiantará proferir verdades...

Sexto Chacra da visão espiritual vibra em violeta ou, como muitos conhecem, em azul-cobalto, nuances da vibração do **7º Raio Chama Violeta**, pois está na visão do homem a escolha sagrada, o livre-arbítrio de dizer a si mesmo onde fixar sua atenção. Esse centro, também conhecido como centro do poder da manifestação, indica ao homem que ele cria o seu destino exatamente onde semeia a sua atenção. Nesse caso, podemos também ativar o **4º Raio Chama Branca** para garantir a pureza da visão espiritual e a luz do discernimento que só a consciência expandida pode nos trazer. Temos de tomar o cuidado de não nos deixarmos levar pelas aparências.

Sétimo Chacra, o lótus sagrado das mil pétalas onde Buda encontrou a sua ascensão. Vibra no alto da cabeça, o chacra da coroa vibra no **4º Raio Chama Branca**. É através desse ponto desperto em meditações profundas que o homem pode receber impulsos divinos e perceber as influências dos demais raios sagrados. A saber:

8º Raio – Chama Verde-azulado ou Água-marinha

Annamaya Kosha — Plano etéreo — Vibração — Alimento

A Chama Verde Água-marinha atua no corpo vibracional também conhecido como aura ou campo energético. Refere-se ao campo vibracional dos ambientes como o da sua casa, seu local de trabalho, etc.

Todos os lugares têm um campo etéreo, uma egrégora, inclusive locais públicos como restaurantes, cinemas e teatros, que as pessoas mais sensíveis percebem. Esse campo pode ser atrativo a você, combinando com sua energia ou, ao contrário, pode ser negativo, deixando-o desconfortável.

Veja que alimento é tudo o que ingerimos pela boca, mas também pelo que vemos, ouvimos e percebemos, como filmes, música, ambientes e pensamentos das pessoas. Tudo isso cria uma egrégora que pode ser limpa com trabalhos espirituais, banhos de ervas, etc.

9º Raio – Chama Magenta ou Pink

Pranamaya Kosha — Plano astral — Presença astral — Prana — Ar

A Chama Magenta atua harmonizando os ares vitais, envolvendo em luz e amor aquilo que recebemos do ambiente. Por mais negativa que se apresente uma situação, quando você respira tentando se tranquilizar pode acessar uma visão mais equilibrada do assunto e inclusive descobrir uma melhor forma de lidar com o ocorrido.

Os yogis sempre souberam dessa condição e usavam os pranayamas para clarear a mente e fazer uma conexão com os planos superiores. Numa linguagem simples eles oxigenavam o cérebro para receber alento vital, energia e inspiração. Assim, limpavam o astral e as energias que estão o tempo todo vibrando dentro e fora de nós.

A Chama Magenta vibra em conexão com a Presença Divina no plano astral, promovendo a expansão da consciência e a limpeza emocional.

10º Raio – Chama Dourado Solar

Manomaya Kosha — Plano mental — Manas — Mente — Forma-pensamento

A Chama Dourada atua na transformação das formas-pensamento. Quando o intelecto se ilumina, as antigas formas de pensar errôneas e limitadas são dissolvidas.

No Oriente os aspirantes espirituais sempre se dedicaram a "tapas", exercícios para alcançar esse estado de consciência. Na prática não é um caminho fácil, porque muitas vezes sabemos que estamos presos a pensamentos negativos, formas tristes de ver a vida, mas não conseguimos mudar, pois modificar a raiz do pensamento, a fonte onde foi gerado o mal, não é algo trivial, porém posso afirmar que com determinação e persistência no caminho espiritual em algum momento acessamos esse estado de "clarividência". Aqui não me refiro a ver espíritos, mas a perceber em si mesmo o que deve ser mudado e ter a liberdade de fazê-lo.

A Chama Dourada vibra na transformação da forma, atuando no plano mental, e na modificação da forma de pensar. Com sua luz podemos mudar um padrão de comportamento.

11º Raio – Chama Pêssego ou Alaranjada

Vijnanamaya Kosha — Plano intuitivo —
Criação do novo — Vij — Sabedoria

A Chama Pêssego ou alaranjada há séculos reveste a roupa dos monges e renunciantes, e não é por acaso que isso acontece. O laranja também é a cor associada à expansão, riqueza e renúncia ao mesmo tempo, porque quando alguém alcança esse nível de consciência se sente pleno e não precisa de nada, pois em seu íntimo tem acesso a tudo.

Claro que muitos renunciantes estão como nós no caminho da espiritualidade e suas túnicas puídas apenas denotam esse compromisso, já que a verdadeira renúncia, como ensinam os mestres, está relacionada a uma ação de entrega e amor ao divino sem o apego dos frutos da ação.

Desapego é uma energia ligada à Chama Pêssego. Soltar as coisas, as pessoas e deixar que a vida se mostre, mas não esquecer de que fazemos parte dos acontecimentos. Viver deixando fluir a sabedoria divina é o que nos ensina essa vibração. Abertura ao plano maior.

Meditar na Chama Pêssego nos ajuda abrindo espaço para manifestar a força divina. Atua no Plano Intuitivo e na criação do novo.

12º Raio – Chama Branco Opalino ou Furta-cor

Anandamaya Kosha — Plano espiritual — Ananda — Felicidade

A Chama Branco Opalino é uma vibração muito sutil que poucas pessoas encarnadas acessaram em profundidade porque é a Chama da ascensão.

A densidade do corpo físico nos limita, o que é natural. Mesmo os videntes e pessoas muito iluminadas não têm um acesso profundo a esse nível de consciência porque enquanto encarnados estamos vivendo nossos carmas, compromissos e tribulações. Ainda não estamos liberados, ainda não ascensionamos...

Ananda significa alegria divina e bem-aventurança quando estamos unidos ao criador.

Teoricamente sabemos que no momento da passagem aparece um túnel de luz vibrante e que devemos seguir essa luz na hora da morte e posteriormente encontraremos o "céu", mas como ainda não morremos, não podemos dizer exatamente o que acontece.

A Chama Branco Opalino vibra na libertação, atua no plano espiritual, na libertação do ciclo encarnatório sendo que alcançar esse estado de felicidade suprema é nosso objetivo final.

No atual estágio da evolução da Terra muitas pessoas em estado de oração e meditação já estão se conectando com as vibrações sutis desses raios cósmicos e muitas entidades se manifestam em sintonia com essas vibrações.

Compreenda que a princípio você deve se conectar internamente, curar suas dores e seus registros akáshico, ou seja, referências e aprisionamentos trazidos das oportunidades vividas em vidas passadas. Fazer o seu caminho pessoal de libertação do Carma e ascensão das suas dificuldades se aprimorando em atravessar os portais internos para depois acessar os níveis superiores de consciência.

Não basta saber que esses raios existem; é preciso colocá-los em sintonia com seu consciente.

Você deve dominar seus centros de poder.

Algumas escolas citam o amor como o caminho de libertação porque só ele pode abrir espaço na sombra deste Universo, porque o amor é a energia da sua criação. Observe que o amor e os Raios Divinos se aplicam à evolução planetária como um todo.

Respeitando a ideia de 21 planos de manifestação, ou caminhos do divino até a individualização, vamos encontrar o eu divino, ou o logos planetário, se desenvolvendo em seu estado de ser. E se entendermos o homem em sua evolução caminhando junto com a evolução do planeta esse atravessará também o portal da individualidade. Assim, são 21 princípios sagrados que somados ao princípio divino ou à mônada completam 22 planos sagrados ou 22 portais divinos.[2]

Na psicologia esotérica esses 22 caminhos sempre estiveram representados no ocultismo e decodificados no estudo oculto do Tarô que, além dos grandes arquétipos, incluem também o próprio buscador.

Lembre-se que essa filosofia foi amplamente estudada por Jung que no seu tempo observou a importância do estudo dos mitos para a compreensão da psique humana e do sagrado.

Nessa sintonia você perceberá a importância do domínio e compreensão das funções dos sete chacras principais, e da interação da consciência com os aprendizados dos desafios apresentado pelos cinco planos que envolvem o ser humano, ou cinco koshas que explicaremos nos próximos capítulos.

---

2. Estudaremos melhor os "Portais Divinos" numa próxima publicação da autora, nesta mesma editora.

Não poderíamos deixar de lembrar que alguns estudiosos associam os 12 raios espirituais e suas funções com as 12 casas zodiacais que preferimos chamar de 12 raios solares. Porém, quando falamos dos doze raios divinos, abordamos não somente desafios desta encarnação, mas também as influências espirituais no desenvolvimento da consciência.

Quero salientar que acho muito interessante a Astrologia e, uma vez por ano, visito uma amiga astróloga porque acredito que, se temos acesso a esses instrumentos para o autoconhecimento, devemos usá-los como fonte de aprimoramento de nossa jornada na vida. O estudo das influências dos astros e das casas zodiacais auxilia muitíssimo no caminho do autoconhecimento, porém não será o foco deste livro.

Neste estudo e nas canalizações que geraram as ideias aqui propostas, abordarei as mensagens dos mestres da Fraternidade Branca, dos raios divinos e do caminho da expansão da consciência. Compartilharei com você um pouco da minha história para elucidar como aconteceu esse contato espiritual. Como acredito que todos podem entrar em sintonia com a música das esferas divinas, pensei que talvez cantando a minha melodia pudesse ajudá-lo a ouvir a sua e aprender a cantar também.

Vozes em Minha Vida

Quantas e quantas vozes ouvi no meu interior. Sem explicações, sem preparação, simplesmente chegavam até a mim. Vozes que se pareciam com a minha, vozes que se confundiam com sussurros, vozes que choravam me pedindo ajuda, vozes que me confortaram e me deram conselhos que nem sempre segui...

Como fui rebelde com a mediunidade...

Como não aceitei as coisas com tranquilidade ou facilidade como muita gente faz simplesmente entendendo, aceitando e acolhendo a ideia de que temos muitos espíritos à nossa volta, que nunca estamos sós.

Hoje acho que não aceitei as vozes porque tinha medo, sempre tive medo. A incompreensão tolhia as comunicações com o além. Na verdade não queria me contatar com ninguém, não desejava seguir conselhos, queria apenas trilhar o meu caminho, ser aceita pelas pessoas, amada, fazer parte de um mundo que não complica tanto as coisas.

Sempre pensei que o mundo deveria ser simples. Pai, mãe, avós, irmãos, família, amor, aconchego. Não sei se exatamente nessa ordem, mas nessa vibração.

Uma vibração de amor, de troca, de ajuda mútua e de apoio. Nasci acreditando que era assim que a família deveria ser. Mas logo percebi que nada era tão simples quanto meus sonhos infantis. Isso ficava claro quando me perguntava por que sentia tanto medo da minha mãe se ela era a minha mãe e, portanto, deveria cuidar de mim e me fazer segura?

Por que sentia meu pai distante mesmo ele estando sempre por perto. Seriam os seus sonhos que o roubavam de mim?

Teria ele um desejo secreto de constituir outra família, ou uma vida diferente daquela que desfrutamos juntos?

Estava como um radar captando o mundo à minha volta sem entender nada? Trazendo para mim os sentimentos das pessoas sem saber o que era meu e o que era do outro. Sofrendo absurdamente pelas incompreensões. Sim, porque eu percebia o que as pessoas sentiam e nem sempre elas admitiam aquilo que vinha delas, e então eu era louca...

Quantas vezes olhando para as nuvens cheias de formas desejei fazer parte do céu e me livrar das muitas perguntas que viravam a minha mente de cabeça para baixo sem respostas. Nunca pensei no céu da Igreja porque sendo filha de uma família espírita seus dogmas me foram negados, então aquilo que já estava claro na vida de tanta gente e que talvez até trouxesse algum conforto ou segurança para essas pessoas, para mim era um terreno obscuro.

"Nós não acreditamos no que a Igreja fala", dizia minha avó muito senhora de si, no auge dos seus 50 anos. Mulher forte e decidida que aos 17 anos fugiu para se casar com o meu avô, um homem dez anos mais velho, balconista de um bar. O que poderia ter soado como uma loucura para seus pais, para ela fazia total sentido, já que ela o amava. Acredito que esse amor acabou por lhe trazer autoconfiança e deu todo um sentido positivo para a sua vida.

O amor... Como esse sentimento nos motiva, ou nos desnorteia e faz sofrer. Nessa minha família cheia de histórias, personalidades e sonhos logo cedo fui apresentada aos desacertos afetivos das pessoas e ao desejo profundo de orientação que muitas vezes ficava sem respostas.

Minha avó era sensitiva, dava passes, recebia espíritos que ministravam conselhos e cuidavam das pessoas. Como era muito criança não entendia muito bem o que acontecia com ela.

"Por que minha avó ficava tão solene, distante e diferente daquela mulher que cozinhava comigo no colo?"

"Por que falava como homem, e meu avô tão autoritário ouvia sem retrucar?"

As pessoas também ficavam solenes, todos escutavam aquela preleção sem falar exatamente de suas dores, chorando como acontecia em outras horas. Parecia que todo mundo se arrumava para ouvir minha avó falar na sala escura.

Cheia de perguntas nunca expus minhas dúvidas porque imaginava que se ninguém me explicou o que acontecia deviam pensar que eu já sabia... Assim não ousei mostrar minha ignorância.

O que acontecia em seguida era muito mais alegre e divertido porque meu avô, terminada a sessão, estourava pipoca e fazia café para os adultos, enquanto nós crianças retomávamos as brincadeiras. O ambiente ficava mais leve, mas quando as pessoas iam embora as vozes me atormentavam. Não podia esquecer o choro alto da minha tia, os lamentos de um e de outro com coisas que não compreendia. Isso sem falar no escuro que tomava conta do meu quarto. Um escuro tão denso, tão cheio de medos que a sensação era de que alguém estava ali comigo espreitando meus movimentos confusos na cama que a essa altura já estava toda bagunçada.

Na minha cidade, no interior de São Paulo, o frio era intenso em boa parte do ano e essas noites maldormidas me incomodavam ainda mais que em outros momentos. Acostumados com o tempo, os adultos apenas se agasalhavam, mas eu sentia meu corpo ainda mais sensível, e daí vinham os resfriados, as dores de garganta e outros pequenos e grandes incômodos, porque cada vez que ficava doente percebia ainda mais claramente o universo paralelo que me envolvia.

A febre parecia um portal para esse mundo desconhecido que tentava invadir minha realidade tão desesperadamente preservada pela minha vontade de ser igual a todo mundo. Por que eu não era igual às outras pessoas?

Será que não era mesmo?

Mas como ousaria falar de tudo aquilo que via, ouvia e sentia à minha volta? Como perguntar para as pessoas se o que percebia era normal se ninguém falava de nada parecido?

Solidão...

A solidão sempre foi minha companheira e o tempo todo detestei sua presença, que era sinônimo de um sentimento não compartilhado, e um empurrão para encarar a vida, e ter coragem de me mostrar.

E as vozes??? O que fazer com elas, ou com eles. Sim, porque nem sempre ficava claro se seriam homens, mulheres ou adultos que conversavam comigo.

Sentada nos degraus da escada que dava para o quintal conversei com pessoas imaginárias, me cerquei de amigos, brinquei de casinha e fiz de conta que era cantora e que um mundo de gente me ouvia. Seria também um desejo meu falar com alguém?

Não sei. Mas quando fui crescendo, esses sonhos, ou melhor, esses momentos sem explicação continuaram acontecendo. Às vezes eram visões de um mundo diferente, como a vez que fui levada para um hospital e quando me viram por lá me mandaram voltar dizendo que eu não tinha autorização. Ou quando muitos números sete deslizaram na parede do quarto da minha avó.

"Vovó, o que quer dizer o número sete?", perguntei corajosamente tentando entender o que via à minha volta.

"Número sete? Você deve estar com febre", me disse ela, largando de lado sua costura vindo em minha direção.

"Estou vendo o número sete em muitas cores descendo e subindo pelas paredes. O que isso quer dizer?"

Quando a minha avó disse que não sabia e meu pai resolveu jogar na loteria compreendi que minhas perguntas não teriam respostas fáceis e continuei guardando essas experiências só para mim.

Mais uma vez a solidão. Como compartilhar algo que não é aceito ou compreendido?

Percebi que as pessoas não queriam ter problemas; aliás, continuam não querendo. E o tempo todo fazer perguntas sem respostas iria complicar ainda mais minha vida e me deixar mais solitária porque senti que as pessoas passaram a me observar, e imaginei que o que elas viam não deveria ser bom. Mais uma vez busquei a aceitação do mundo à minha volta tentando ser igual a todo mundo e para isso guardei silêncio.

Às vezes via o espírito da natureza, sentia a mãe das águas no riacho perto de casa oferecendo paz com seus murmúrios repetidos em cada pedra que se levantava em seu leito. Olhava os ventos que despenteavam meus cabelos à procura da alma que junto sussurrava histórias.

Enquanto crescia, o Cristo da Igreja pregado na cruz me assustava ainda mais, porque se Deus ou a Deusa eram a natureza e o amor que tanto desejava encontrar nas pessoas, o que seria aquele homem pregado na cruz?

Por que as pessoas cultuavam o sofrimento?

Será que eu era uma pessoa ruim que não queria me ajoelhar para a dor?

Imaginava se seria o mesmo Deus que sentia vibrar em meu coração ou se seria outro, porque para mim Cristo não deveria estar na cruz.

Se essas pessoas amam Jesus por que não o soltam? Pensava assolada pela culpa por não seguir os padrões, pois mesmo sendo de família espírita a cidade era pequena e muitos eventos começavam ou terminavam na Igreja e olhar para o altar com os padres definitivamente não me fazia bem.

Nesse momento comecei a ouvir não apenas as vozes dos espíritos, mas também a da minha personalidade que me exigia ser boazinha... Quanto trabalho me deu essa história de ser boazinha. Acho que até hoje isso me atrapalha. Porque ser boazinha causa muitos conflitos, já que nem sempre conseguimos alcançar essa perfeição e aí nos debatemos internamente em busca de um ideal jamais alcançado, e acabamos nunca estando à altura de nós mesmos.

Afinal quem somos? Filhos dos nossos pais, amados, renegados, acolhidos, educados, tolhidos da nossa individualidade para ser aceitos por Deus. E quem é o Deus de uma criança? Seus pais, quem os cria, a sociedade à sua volta?

No meu caso a confusão era grande porque tinha os pais terrenos, avós, guias espirituais que ainda não conhecia, espíritos outros necessitando de ajuda e uma sociedade tumultuada no início dos anos 1960 contestando contra valores decadentes, mas sem novas fórmulas estáveis para colocar no lugar. Acho que nasci em uma época em que as pessoas já não queriam seguir os padrões antigos, mas ainda não sabiam exatamente o que cumprir, assim qualquer coisa valia a pena, qualquer verdade poderia ser a verdade, qualquer sonho poderia se transformar em algo que valesse a pena.

Um tempo em que o joio e o trigo estavam jogados juntos no mesmo celeiro, e foi nessa energia que mudamos para São Paulo. Uma nova casa e uma nova adaptação para quem já se sentia sem casa. Essa sensação me acompanhou durante anos. Não sabia definir o que sentia, era um misto de insegurança, medo, inadequação, com instantes de abertura de consciência que me despiam de qualquer armadura que queria vestir para me proteger de um universo externo tão cheio de confusões.

Talvez um mau carma, poderia pensar, caso soubesse na época o que isso significava. Mau carma... Hoje sei que carma quer dizer ação, mas no meio espírita em que estava inserida, carma era sinônimo de complicações na vida e compromissos pesados de vidas passadas.

Nasci em um meio em que vidas passadas eram algo tido como absolutamente natural, e ninguém ficou me achando louca quando narrei para minha avó, em um descuido dos meus cuidados em preservar as minhas visões diferentes do mundo, que já conhecia a casa onde viveu a avó dela, e descrevi com uma incrível riqueza de detalhes como havia sido a vida daquela senhora que fisicamente não encontrei nesta existência, já que ela morrera anos antes de eu nascer.

Cada um é seu Instrutor

"Ó mestre, fazei que eu procure mais consolar que ser consolado, compreender que ser compreendido, amar que ser amado. Pois é dando que se recebe, é perdoando que se é perdoado e é morrendo que se vive para a vida eterna." (oração de São Francisco de Assis)

Por que sofrer com o aprendizado da vida?

Por que sofrer com os encontros e desencontros com as pessoas? Nunca entendi direito esta face obscura de Deus que mostra as coisas difíceis da vida, o mau gênio das pessoas que amamos, a crueldade do egoísmo, ou o descaso do desafeto. Somente quando me deparei com estudos mitológicos que falam da Deusa e de sua manifestação irada é que esse lado doloroso fez algum sentido. A Deusa pode ser a mãe calorosa que acolhe os filhos, como também aquela que mostra sua face perversa enviando uma terrível tempestade, ou uma enchente que carrega consigo toda a fúria da natureza.

Como nunca fez sentido na minha mente um Deus velhinho vivendo nas nuvens e soltando raios furiosos quando a humanidade erra, aceitar Deus como Deusa não foi uma tarefa difícil. Ao longo da minha vida fui apresentada a tantos mestres que me pareceu natural a feminilidade manifestada na energia divina, já que Deus não tem sexo, cor, raça ou distinção. Como uma vibração, Deus é tudo e pode assumir uma compleição mais feminina. Até me pareceu mais próximo pensar no aconchego do colo divino como o seio sagrado da mãe.

Como queremos ser amados...

Como queremos compreender a vida, as pessoas, o mundo à nossa volta e por conta dessa atitude nos afastamos dos ideais divinos de aprendizado e crescimento que os mestres de Luz nos trazem. Na verdade acho que nem nos damos conta desse crescimento espiritual da mesma forma que não percebemos quando nosso corpo está crescendo, parece que entendemos que algo está acontecendo quando temos de comprar um sapato ou uma roupa nova porque a antiga não serve mais. Crescer, ao mesmo tempo que é natural, muitas vezes nos envolve em sofrimentos e perdas.

Ciclos são trancados em nossas vidas sem que tenhamos o direito consciente de desejar que se fechem ou que permaneçam abertos. As pessoas tão íntimas e amigas de repente não fazem mais parte da nossa vida e nem entendemos quando essa distancia se colocou. Podemos chorar a morte dos que se foram, mas e as perdas diárias de quem continua vivo e não faz mais parte da nossa história?

Quase sempre vemos as coisas acontecerem, passarem por nós como os ventos e simplesmente não conseguimos praticar o ideal como ensina a oração de São Francisco de Assis. Buscamos trazer para o racional os fatos e as pessoas que não nos pertencem com o objetivo de compreender a vida, e tentar encaixar na nossa realidade. Porém, com essa atitude nos abrimos muito pouco para aquilo que a vida coloca. Talvez por medo, por insegurança em não saber onde a correnteza vai nos levar. Muitas vezes não há como resistir, evitar certas lições, principalmente quando a dor vem disfarçada de amor, sedução e paixão.

Não culpo as pessoas por se fantasiarem porque nem tenho certeza de que de fato são elas ou nós que as vestimos com nossas crenças quando nos sentimos desejosos de nos relacionar com alguém.

Quando conheci meu primeiro marido, numa ironia do destino, ele estava usando uma linda farda de oficial da Marinha. Não poderia estar mais bonito, forte e brilhante.

Aos 15 anos me deixei enganar com as fantasias, mas acho que ainda hoje com a mídia contando suas verdades e propagando sonhos que os jovens acolhem sem nem saber se são seus, as meninas ainda devem se deixar seduzir pelas aparências, como aconteceu comigo anos atrás. Criei uma paixão e me deixei levar pela sedução de alguém especial... Foi assim que ele se tornou meu primeiro mestre, pois eu o endeusei.

Ele não veio trajando vestes luminosas, nem era efêmero e brilhante como um espírito se mostraria. Ao contrário, mais denso impossível. Era uma pessoa de carne e osso, com suas questões, seus sonhos, sua família, seu lado bom e seu lado ruim, como todos nós.

Hoje não o responsabilizo por nenhum sofrimento pelo qual passei, inclusive espero que tenha me redimido do mal-estar que causei na vida dele também, porque desde o início nosso encontro na adolescência foi impulsivo e cheio de enganos. E já que éramos pessoas muito diferentes, era bem difícil que nossa relação desse certo. Ele não acreditava no que eu tinha como base na vida, e do meu lado não havia nenhuma boa vontade em participar dos seus intentos. O casamento começou fadado a acabar, pois não existia a liga do amor.

Tanto tempo depois percebo que casar muito jovem foi a única maneira de resgatar um carma com aquela pessoa, porque nunca mais os poderosos véus de Maya, ilusão, me ocultariam a verdadeira face da história.

Naquela época deixei de ouvir as vozes da natureza, dos espíritos de luz e da minha alma. Não sei se elas se calaram ou foram os meus compromissos cármicos tão fortes que embaçaram a minha visão e tamparam os meus ouvidos.

Ainda hoje me pergunto por que escolhi mestres tão difíceis, ou foram as lições que tornaram os mestres desagradáveis, autoritários e indiferentes à minha dor.

Muitas lições que deveria aprender com meu ex-marido foram aparentemente frustradas, mas em virtude da presença dele no meu caminho fui levada a procurar a vida espiritual. Era tudo tão difícil, contraditório e cheio de culpas que achei que uma ajuda psicológica não resgataria minha integridade. Ainda mais porque, como me casei muito jovem, minhas crenças ainda não estavam consolidadas. Não compreendia exatamente no que acreditar. Sabia apenas que não estava feliz, e que as coisas não deviam ser daquela forma. Com tantas contrariedades aprendi com ele o que não fazer.

Posso dizer que meu ex-marido foi um grande mestre na minha vida. Hoje agradeço a experiência que tive com ele, que se mostrou como o impulso necessário para o meu crescimento.

Não faço pregação do caminho da dor, mas como em muitas situações ela é inevitável aprendi que quanto antes aceitarmos o que acontece conosco melhor nos sentiremos. Descobri que devemos sempre perguntar a Deus o que temos de aprender com a situação que enfrentamos.

Tente fazer isso você também. Pergunte a Deus: O que devo aprender com isso?

Faça uma prece, peça respostas em sonhos, em leituras, e veja o que acontece.

Posso garantir a você que com o tempo e a maturidade espiritual que vamos ganhando, somando com um esforço sincero da nossa parte em entender a vida, as respostas virão.

Meu pai também foi um mestre interessante. Uma pessoa inteligente, porém autocentrada. Ele era cativante, mas quando desejava me entregar ao seu amor não estava mais lá para me receber e amparar. Muito do que aprendi no princípio da jornada sobre Oriente, ioga, meditação, Budismo, Hinduísmo foi ele quem ensinou. Também foi ele quem em meados dos anos 1970 me levou para a primeira iniciação em meditação.

Claro que não sabia o que estava fazendo naquela casa sem móveis no bairro de Pinheiros à espera de um guru indiano. Mas como era o meu pai que me conduzia acreditei que seria bom. E foi muito bom, gostei demais das músicas cantadas naquela língua estranha e do jeito diferente das pessoas que frequentavam o local. Homens e mulheres usando roupas coloridas, carregando violões nas costas à procura de uma vida alternativa. Como não tinha a menor ideia do que isso significava, já que nunca tinha saído de casa, e nem imaginava quanto custava uma conta de luz não poderia avaliar o que as pessoas buscavam morando em um ashran.

Esse momento foi, como tudo naquela época, meio tumultuado, porque em uma hora estava na minha casa cercada das regras da minha mãe e na outra estava no meio de uma reunião de cantos devocionais com o meu pai saudando a presença de um guru indiano. No que acreditar?

A princípio não sabia dizer quem era o meu mestre naquele momento.

Não preciso dizer que minha mãe ficava maluca com as atitudes do meu pai. O que era bastante lógico para uma moça criada no interior, formada professora, casada com um funcionário de uma instituição importante, que imaginava para si mesma e para a sua família uma vida muito diferente daquela que meu pai escolheu nos oferecer. Da mesma forma que o casamento deles era instável, essa mesma vibração tomava conta de tudo à nossa volta.

Meu pai, apesar de todo amor que nos ofereceu, ensinou muitas lições amargas, uma delas é não confiar a vida ou a felicidade nas mãos de outra pessoa, pois cada um de nós nasceu com tudo o que é necessário para sua autossuficiência. Quando depositamos no outro as nossas expectativas fatalmente erraremos.

Meu pai foi um grande mestre, ele me apresentou o Oriente que até hoje me encanta com tantos ensinamentos luminosos e libertadores, mas o mais importante foi a herança que me deixou de um pensamento livre. Pois ele acreditava nas pessoas, na vida e nos sonhos. Nem sempre conseguiu concretizá-los, mas nunca deixou de sonhar. Foi ele também quem me ensinou o gosto pela leitura e manter a mente aberta para a espiritualidade. Se não fosse sua liberdade intelectual talvez não entendesse as diferenças como algo muito importante.

Aprendi com ele que cada um deve ter a sua personalidade, aquilo que gosta e preza como importante. Nossa individualidade enfeita o todo. Somos como os mestres de Luz ensinam, flores diferentes em um mesmo jardim.

Aprendi muito também com outro mestre que logo de início me mostrou sua face obscura. Um namorado que nunca me prometeu nada porque era comprometido com outra pessoa, o que não me impediu de me desmanchar em paixão. Literalmente me desmontei, tamanha foi a desilusão. Algo absurdo de se aceitar, já que eu sabia das condições. Por que não consegui lutar contra esse amor?

Por que foi tão forte e destrutivo?

Lógico que não queria sofrer, mas estando com ele isso foi inevitável.

Esse mestre me fez ver minha própria escuridão. Sofri na pele minhas incoerências. Criada para ser uma moça exemplar, como me envolvi com uma pessoa tão complicada?

Essas perguntas muitas vezes me tiraram o sono. E a dor dessa relação me tornou tão feia e asquerosa aos meus próprios olhos, como a pior das criaturas que eu pudesse imaginar como pertencente à corrente do mal.

E se o mal existia em mim, como julgar o outro? Como acusar o outro de coisas erradas se eu estava errando?

Esse mestre abrandou meu julgamento e abriu cirurgicamente espaço no meu peito para acolher os que erram.

Hoje compreendo aqueles que sofrem porque sei que as coisas que aparentemente podem ser evitadas com força de vontade nem sempre de fato são expulsas de nossas vidas. Hoje entendo que essa experiência foi absolutamente necessária para o meu crescimento.

Ele me obrigou a colocar na prática o ensinamento luminoso de Mestre Jesus:

"Não julgue para não ser julgado".

Minha consciência e minha criação o tempo todo me cobravam atitudes que não conseguia tomar. Não posso nem dizer que fui iludida. Foi um trecho do meu caminho que muito trabalho me deu para limpar e me perdoar depois que terminou. Porque se não bastasse o sofrimento da fase que durou a paixão, a culpa fincou uma enorme raiz dentro de mim.

Hoje, quando vejo alguém sofrendo, procuro ver a história expandida. Claro que na Terapia de Vidas Passadas encontrei essas pessoas que nesta vida me fizeram sofrer tanto. Estavam todos muito próximos, presos à minha energia pelo laço cármico da dor que deveria ser transformado em amor. Um amor que precisa vibrar suavemente espalhando paz à nossa volta, mas que quando está nos ensinando, muitas vezes mais se parece com um tornado destruindo casas, matando pessoas e sacrificando a vida.

Reconhecendo a Sombra

Se passamos a nossa vida pensando nos desafetos, sentindo-nos traídos pelos sonhos que não se realizam como gostaríamos, que ventos são esses que nos levam?

Será isso a chamada consciência?

Ou somos joguetes do destino carregados por acertos e erros que fazem a vida se parecer com um parque de diversões com suas montanhas-russas que só fazem exaltar nossos medos?

Que não sabemos qual o caminho sem erros que tanto desejamos percorrer isso é um fato. Mas só com a ação do tempo vamos descobrir que essa opção na verdade não existe, pois como ensinam os seres de Luz, o erro faz parte do acerto, e é por meio dessa escola que a vida nos ensina. Foi-me mostrado pelos mestres que não devemos limitar o certo a apenas aquilo que nossa mente traz como verdade.

Nossos olhos têm limitações, e só enxergam onde o horizonte se mostra, mas se somente na Tabela Pantone existem 4.096 cores catalogadas, como limitar a vida? Por que tentar colocar regras para a ação dos mestres de Luz?

Antes de desejar saber quem eles foram ou são devemos mergulhar em nós mesmos com as mesmas perguntas, porque talvez se encontrarmos as respostas possamos seguir pela vida mais confiantes.

Temos de libertar nosso Deus interno.

Os mestres da Fraternidade Branca falam da Divina Presença que é essa força dentro de nós, esse impulso que nos liga ao Pai e como uma semente mutilada pelo peso da terra dos desencantos do ego nos dá força para desabrochar, pois não é fácil sair do ostracismo, da falta de fé. E sem fé não há expansão da consciência.

Parece difícil aceitar que somos luz sendo nós mesmos.

Acreditando ou não nesse princípio divino, é ele que nos faz voltar, e voltar a nascer com o objetivo de alcançar novamente a divindade. Porém, temos de aceitar que, para voltar ao estado de unidade primordial, precisamos admitir o caos do redemoinho interno que só se dispersa quando espalhou suas folhas no jardim dos erros do desconhecido. Temos de aceitar nossos erros e até nossa falta de amor, porque muitos fatos da vida que causam sofrimento e angústia são agentes maravilhosos de crescimento quando nos fazem ver além da realidade controlada dos nossos desejos.

Quando uma porta se fecha somos obrigados a procurar outra saída. Assim, quanto menos tempo desperdiçarmos nos achando vítimas de alguma situação, mais rapidamente encontraremos o caminho da cura. E quão reconfortante é sentir o calor gerado pelo árduo esforço nesse caminhar!

Os mestres da vida muitas vezes nos levam de retorno ao silêncio da casa interna onde aprendemos que, quando sofremos, acabamos por silenciar a mente em pausa ou derrota por não alcançar uma solução racional, e somente quando isso acontece conseguimos ouvir o murmúrio da alma.

⁂

Alguns, com medo do que vão escutar, descartam aquilo que sentem e se escondem em um excessivo racionalismo, e assim esfriam o coração em busca de explicações. Porém, para tudo há uma cura, um caminho de volta, é só se deixar conduzir pelos mestres que a vida colocar à frente.

⁂

Com o mestre tempo somos obrigados a conviver reconhecendo ou não a sua maestria, já que todos os dias ele caminha conosco e nos faz companhia ouvindo o choro da nossa intimidade mal compreendida ou usufruindo do gozo dos momentos de prazer.

Com ele crescemos e aprendemos.

Com as marés de sorte ou azar aprendemos a respeitar o fluxo da vida que é fluido e leve como as forças dos ventos que refazem sem saber a geografia das paisagens que desenha à nossa volta. Com ele aceitamos os desafios e aprendemos que brigar muitas vezes não funciona.

Em sintonia com essa energia aprendi ao longo desses anos a respeitar os ensinamentos que as pessoas e os fatos da vida trazem e é isso que vou passar neste livro.

Vamos abordar também algumas técnicas de harmonização e meditação que você poderá fazer em casa, mas sugiro que ao longo desta leitura aceite a sua sombra, os seus medos e as suas dificuldades. Aceite o que não está dando certo na sua vida porque você é o seu caminho, os seus obstáculos e a sua cura.

Desejo que você consiga mergulhar nestes escritos além das palavras, desejo que vá fundo no seu coração com a alma aberta da mesma forma que me coloco, pois imagino que a comparação de seus desafios com aqueles que apresento neste trabalho ajudará na sua expansão de consciência, que é o que os mestres se propõem a fazer, e não se esqueça de que esses raios divinos existem como força, energia e vibração em tudo à nossa volta, inclusive dentro de nós...

Aprendendo a Navegar...

"No meu exercício de fé, em uma de minhas vidas fui um barqueiro. Naquele tempo não havia motor, nem força, nem combustível que pudesse direcionar os barcos. O único poder que o homem da época controlava era o poder dos ventos e aí vocês estão pensando: Que poder é esse?

Quantas e quantas embarcações perdidas esperando pelos ventos sujeitos à manifestação de uma vontade maior totalmente incontrolável. Era assim que todos os dias estendíamos ou recolhíamos as velas. Era um exercício constante de entrega à vontade divina, de flexibilidade, de agilidade e de trabalho, porque a fé é algo ativo. A fé não é uma entrega morta, é uma entrega viva que se transforma dia após dia, que se faz a cada momento.

Da mesma maneira que víamos o vento chegar e inflar nossas velas, ele poderia escapar de nós e ir embora. Então aquele movimento do ar precisava ser aproveitado em sua totalidade. O vento vinha e nós, com agilidade, usávamos sua força para nos conduzir, mas para isso tínhamos de estar atentos, fortalecidos e disponíveis.

A fé pede essa disposição. A fé pede ao homem disponibilidade de se deixar guiar, de se deixar conduzir e ao mesmo tempo de se manter ativo trabalhando forte, destemido e com vontade. Era assim que tínhamos de agir quando o vento se mostrava e quando simplesmente não havia vento e a embarcação estava ali, no meio daquele mar azul, sendo engolido pela natureza e beleza daquele céu e mar azul. O que nos restava fazer senão esperar? O que nos restava fazer senão simplesmente esperar?

A fé também é assim. A situação humana, os homens também estão sujeitos à espera. Os homens estão sujeitos à passagem do tempo muitas vezes sem ter o que fazer, porque não há nada para ser feito. Às vezes, muitas vezes é só esperar, mas aí, as ondas começavam novamente a tremular o barco, a balançar e nós estávamos ali, disponíveis para novamente levantar nossas velas e nos deixar conduzir.

Nessa época era um menino. Um rapaz que não entendia nada da vida, porque era jovem, e ainda não tinha a sabedoria que depois conquistei com o crescimento e com as experiências que passei, porque sabedoria só se conquista por meio do aprendizado da vida, das experiências, dos contras, das portas que se fecham, dos relacionamentos que se rompem, das ausências, de tudo aquilo que dá sorte e dá azar.

Não sabia muita coisa, mas o vento, essa força, foi um grande instrutor e toda vez que procurava por ele, eu e todos os marinheiros olhávamos para o mar e éramos envolvidos pelo azul, mirávamos o céu e novamente ficávamos rodeados pelo azul e aí a fé ficou azul.

Não sabia que o que sentia era fé. Não tinha a menor noção, pensava que aquele momento e tudo aquilo que estava vivendo, era um exercício de paciência, eterna paciência. Porque tinha de ter paciência para os ventos conduzirem o barco. Tinha de ter paciência para os ventos cessarem numa hora de tempestade e colocar o barco são e salvo. Era sempre a paciência. Nunca pensei que fosse fé, mas aí compreendi que estava nascendo dentro de mim, pelo exercício constante da paciência, uma força, essa que fazia me levantar no outro dia e acreditar que seria melhor. Uma força que não sabia de onde vinha, mas pensava que aquilo devia ser Deus, porque acordava, levantava e acreditava que seria melhor.

Todos nós naquele mesmo barco, companheiros, fazíamos o mesmo: Pensar em Deus, no destino. Por que o que fazer senão ter de esperar algo novo?

O que nos restava? Jogar dados, sentados ali olhando o tempo passar? Comer os alimentos que já estavam velhos? Admirar aquele azul que já havíamos cansado de ver?

O que nos restava era esse mergulho interior, essa força, essa fé. Às vezes percebíamos que quando havia um silêncio amoroso, respeitoso e pacífico, quando não havia ninguém gritando, se rebelando do momento que estávamos vivendo, vinha uma aragem e o vento soprava e levava nosso barco e o capitão nos conduzia ao destino.

Eu sou El Morya e digo a vocês: 'A fé é prática, é algo ativo, é algo constante, é algo que deve ser renovado todos os dias por vocês e, quando em suas vidas os ventos não soprarem, as soluções não vierem, as pessoas não os acolherem, acreditem no amanhã, porque esse vento nasce no seu coração e esse vento se chama FÉ'.

A espiritualidade espera de vocês a fé, porque a fé é o elo entre o homem e Deus.

Trabalhe a essência da Chama Trina,[3] a Chama do coração. A força da fé em união com a sabedoria e o amor.

Abençoamos vocês, abençoamos o seu trabalho espiritual.

Abençoamos a vida de cada um, filhos da fé, filhos do amor, filhos do saber do Pai.

Que assim seja. Paz."

MENSAGEM CANALIZADA EM *31* DE JANEIRO DE *2007*

※

Muitos escritos remetem mestre El Morya às suas encarnações na Índia, país que amo profundamente. Logo na primeira visita que fiz, em 1993, me senti acolhida pela energia daquele povo que respeita a espiritualidade como parte integrante de sua cultura. Pude visitar uma das moradas do mestre da Chama Azul — Primeiro Raio e sentir de perto a vibração do deserto que envolve as cidades construídas pelo imperador mughal Akbar, que ergueu palácios gigantescos cercados de jardins que nos remetem imediatamente às mil e uma noites dos

---

3. Chama Trina é um conceito ensinado pelos mestres da Fraternidade Branca que fala da importância do desenvolvimento conjunto dos três primeiros raios — fé, sabedoria e amor — no coração das pessoas para equilibrar as forças internas e despertar a consciência divina.

contos de fadas. Diz a história que o imperador Akbar incentivou a tolerância religiosa em seus domínios. Nascido no Paquistão, filho do Islamismo, esse rei praticou o que chamou de nova religião "Dini — Ilahi" ou "Divina Fé", que unia o Islamismo, o Brahmanismo, o Cristianismo e o Zoroastrismo, numa mostra clara do seu espírito aberto e da sua fé em um deus onipresente.

El Morya explica que todos nós até alcançarmos a ascensão passamos por diversas experiências diferentes para valorizar todos os ângulos do aprendizado. Nessa história ele nos mostra a importância da servidão, em ser mais um numa equipe, de ajudar e aprender com um grupo, pois não é em todos os momentos que vamos nos destacar e liderar.

Ele, que em tantas existências foi rei, imperador e líder político, ensina também o respeito às forças que não controlamos o aprendizado por meio das lições da vida e do poder da fé ativa.

Primeiro Raio – Chama Azul

Mestre El Morya — Arcanjo Miguel — Fé.

Virtudes — Fé, força, poder, proteção e entrega à vontade divina.

Atua harmonizando o quinto chacra da expressão e do julgamento, atua também em sintonia com o chacra básico nos oferecendo força para concretizar nossos objetivos no mundo material. Nos outros chacras a chama azul é um bálsamo no sentido de nos ajudar a perceber a força interior de nossa divindade. Energia sintonizada com a fé.

Desafio — Egoísmo, despotismo. Postura equivocada do dono da verdade.

A energia que rege o Primeiro Raio da Fraternidade Branca — Chama Azul é a fé, o poder e a entrega da nossa vontade humana ao desejo divino. Um conceito muito difícil de ser vivenciado por nós que estamos o tempo todo tentando controlar a vida para não sofrer.

Queremos entender tudo o que nos acontece, mas temos medo de mergulhar profundamente e encontrar respostas que contrariem nossas expectativas.

Fé não é uma coisa das igrejas ou dos templos; sem fé simplesmente não nos levantamos da cama. Fé é uma ação, uma atitude prática. Fé significa acreditar em algo. Veja bem que essa energia pode ser usada negativamente quando não temos consciência de nossa força.

Pode ser que você esteja neste momento pondo força, acreditando em coisas negativas, pois quando crê que sua vida será limitada, que você não alcançará uma promoção no trabalho, que está cercado de injustiça, é isso que a vida lhe trará de retorno.

Existe uma Lei espiritual que fala da "atração dos semelhantes". Isso quer dizer que atraímos para nossa vida exatamente aquilo que sentimos no coração. Para ilustrar melhor a questão vou contar uma pequena história.

Conheci uma moça que fora criada apenas pela mãe e, por conta disso, carregava muitos traumas. Sua mãe a tratava com carinho e ela chegou a se formar e trabalhar numa repartição pública, mas nunca perdoou o pai por sua ausência. Sempre aquela situação vinha à sua mente, seu semblante nublava e a vida era um tormento só. O céu perdia o azul...

Quando a encontrei ela já tinha uma filha e vivia o fim do casamento com o corpo sutil coberto pelo ódio. Acusava o marido pela sua infelicidade. Claro que o rapaz tinha a sua parcela de culpa, mas como conhecemos a vida espiritual temos de entender que a lição era dura para ambos. Ele também estava sofrendo.

Convidei a jovem para participar dos meus grupos, como parte do tratamento, e durante um tempo ela entrou na vibração, mudou a sintonia e até ficou com o semblante mais leve, mas depois de um tempo começou a competir com as outras pessoas do grupo, mostrando para todo mundo como era linda a sua mediunidade... É claro que todos se afastaram. Ninguém queria ouvir suas histórias maravilhosas, porque as pessoas sentiam que ela estava apenas se mostrando...

Triste, mas ela não conseguiu mudar de padrão, não aceitou ser mais um no grupo. Seu ego era tão inflado e tão desejoso de se proteger mostrando a armadura do poder, que ela queria ser a melhor onde quer que estivesse, buscando inconscientemente motivos para ser aceita e amada. Sem perceber, lutava pelo amor e terminava por repetir o padrão de abandono que sofreu com a ausência do pai. As pessoas se afastavam dela e, novamente, ela se sentia culpada pelo abandono. Isso gerou em seu psiquismo a necessidade de ser perfeita para merecer amor. Essa moça simplesmente não sabia ser apenas parte de um grupo.

⁂

Explico sempre para meus alunos que a fé, no sentido de entrega à vontade divina, nos liberta do desejo de perfeição. Os mestres de Luz ensinam que podemos ser imperfeitos e, mesmo assim, seremos amados por nosso Pai Espiritual, sempre presente e disponível.

A Chama Azul predomina no nosso planeta, envolvendo os continentes com as águas do mar, integrando a atmosfera com o penetrante azul do céu. Tudo está a nosso dispor em um estado de perfeição absoluta, mas nas nossas pequenas diferenças diárias nos afastamos desse estado de contentamento e paz.

Queremos o tempo todo partir para a conquista nos esquecendo de que, antes de ganhar o mundo, temos de conquistar a nós mesmos. Aprender a ser soberanos do nosso destino. Isso quer dizer que podemos escolher como agir diante de qualquer desafio que a vida nos coloque.

Podemos escolher como pensar, como enfrentar os dissabores da vida. Podemos tanto ficar com raiva, guardar mágoas, partir para a briga e competição ou simplesmente deixar passar, buscar pontos que agreguem e não aquilo que nos separa. Sofrer ou não depende de nossas escolhas.

⁂

A solidão assusta muitas pessoas que, com medo de enfrentá-la, aceitam coisas que internamente não querem. Isso significa que vão contra sua natureza interior e que, mais cedo ou mais tarde, acabam se confrontando consigo mesmas.

Os mestres ensinam que criamos nosso destino, mas isso não é muito fácil de trazer para a realidade. Acho que aceitamos o conceito, mas não sabemos muito bem como criar uma realidade positiva e acabamos nos sentindo culpados por criar dor e limitação para nós mesmos. Nessa sintonia recebi Flávia, uma médica dedicada e reconhecida. Uma pessoa forte que se orientou sozinha na vida profissional, mas que sofria demais em sua vida íntima.

Flávia verbalizou o que percebi logo à primeira vista quando disse:

"Maria Silvia, construí uma armadura para me proteger das pessoas. Sou sorridente e muito positiva no meu aconselhamento junto aos clientes. Passo sempre um positivismo mesmo quando a situação é difícil, mas na minha vida pessoal me sinto como uma garotinha desprotegida, e acabo aceitando ficar ao lado de pessoas que me fazem muito mal".

"O que você espera fazendo uma sessão de Vidas Passadas?" Perguntei para alinhar as expectativas, por que muitas vezes as pessoas querem soluções mágicas e isso não acontece. A Terapia de Vidas Passadas traz uma compreensão sobre suas atitudes, mostra onde existe um aprisionamento e ajuda a direcionar novas escolhas, mas o caminho a ser percorrido pela pessoa em tratamento continua exigindo dela aprimoramento e determinação em sua cura.

Flávia, que era uma mulher bem consciente, comentou que ficou impressionada com uma abertura de Tarô que tinha feito há seis meses quando apareceu um aprisionamento que ela ainda não havia conseguido transformar e que imaginava estar relacionado a Vidas Passadas. Expliquei que o Tarô é um excelente instrumento de autoconhecimento, pois muitas vezes reflete em seus arcanos o nosso estado de espírito, mas a solução sempre dependerá de nossas atitudes.

Na sessão apareceu uma vida em que Flávia havia sido um guerreiro medieval e que só se importava com suas armas; como tinha tudo em sua vida com facilidade exigia muito das pessoas à sua volta sem perceber que fazendo isso afastava-as. Em relação ao amor deixava os possíveis parceiros de lado, não tinha intenção de se fixar em ninguém porque sua vida era viajar, lutar e conquistar suas glórias. Sua expectativa para a vida era curta, porque um guerreiro poderia morrer numa próxima luta... Porém, havia uma parte dele que se ressentia de não ser acolhido, não se sentir tranquilo e amado... e assim continuava a dor do isolamento a que ele se impunha.

Quando terminamos a sessão, que trouxe outros detalhes que não cabem aqui ser narrados, Flávia estava com o olhar distante.

"Flávia, você consegue trazer esse guerreiro para a sua vida atual?"

"Sim, faz muito sentido, porque continuo sendo como ele, muito exigente. Acho que como cobro muito de mim mesma atitudes assertivas também cobro das pessoas. Parece que ele tinha medo de se envolver e perder o amor."

"Você tem esse medo?", perguntei para ajudá-la no raciocínio.

"Tenho, às vezes me apaixono e na semana seguinte fico procurando erros, defeitos na pessoa e, em seguida, descarto meu possível companheiro. Parece que não aceito os erros de ninguém. Isso tem me feito muito mal, porque quase sempre estou sozinha. Às vezes quero muito aceitar, quero apenas ser amada. Você acredita que já saí com homens de outro nível social apenas para não ter como assumir um compromisso? Porque assim já sabia que essa pessoa não poderia ser apresentada aos meus colegas e familiares."

"É difícil pensar nisso, não é?", falei olhando para ela, que já chorava copiosamente.

"Difícil demais. Estou afastando as pessoas. O que mais quero é ter alguém, mas acabo me aproximando de quem é inadequado. Deixo a carência tomar conta de mim e aceito ficar até com pessoas comprometidas. Não quero isso na minha vida, mas por medo deixo acontecer mesmo já sabendo que vou sofrer. Acho que é esse o aprisionamento que saiu no tarô"; disse ela, pensativa.

"Imagino que sim, porque quando não deixamos um espaço aberto para agir de uma forma diferente estamos aprisionados. A mudança vem de dentro de nós. Para se libertar é preciso muita

coragem. Uma força imensa para agir encarando nossos medos sem armaduras, sem couraça." Nesse encontro conversamos sobre acolhimento, amor, aceitação, falamos também de família e das imperfeições que vemos à nossa volta e do quanto isso é normal na vida das pessoas, porque não existe um mundo perfeito. Nós é que idealizamos...

Flávia saiu mais tranquila prometendo a si mesma não mais idealizar seus romances, porém ambas sabíamos que não seria uma tarefa fácil para ela, porque abrir a alma não é uma tarefa tranquila. Mas como estávamos falando em libertação de padrões sabíamos que esse era o caminho. Convidei Flávia a praticar esses ensinamentos em grupos e cursos porque, como sempre explico, espiritualidade não é algo preso às religiões, mas um conceito para ser vivido na prática, pois Deus não está fora e sim dentro de cada um de nós.

A Chama Azul e a Proteção do Arcanjo Miguel

Falando de Chama Azul, não poderia deixar de citar Arcanjo Miguel, a sua atuação libertando as almas das amarras do sofrimento e da dor. Arcanjo Miguel é o protetor dos aflitos.

Mas o que é o mal?

Do que Arcanjo Miguel precisa nos proteger?

E afinal, o que está nos atacando? A energia negativa das pessoas? Inveja? Raiva? Desonestidade? Doenças? Medos?

Se essas vibrações estão nos atacando, em algum momento entramos na sintonia. Em algum momento criamos laços com essas condições negativas, com algumas atitudes nossas potencializamos essa relação. Ou temendo, ou tendo raiva, ou combatendo com ódio. Emprestando assim mais mal à situação.

Tenho trabalhado com meus grupos a compreensão do mal. Levo os grupos à compreensão do que estamos vibrando para atrair coisas negativas, pois até as doenças nascem de uma fonte ruim dentro de nós. Claro que ninguém quer o mal, nem a doença, nem o desemprego, nem a falta de sorte no amor. Mas espiritualmente não há vítima nem algoz; ao contrário, muitas vezes o mais lindo aprendizado vem de vencer uma situação limite em nossa vida. Vem da compreensão da lição difícil e da superação de nossas dificuldades.

Claro que no mundo objetivo existem pessoas ruins, bandidos, ladrões, políticos corruptos, crianças doentes, guerras, pessoas famintas, e estamos neste mundo expostos ao sofrimento e à dor. Mas a maioria das pessoas chama Arcanjo Miguel para atuações bem mais íntimas como resolver uma questão de ordem pessoal, e não há nada de errado nisso. Porém, devemos compreender que, mudando a vibração, atuamos na transformação do mundo à nossa volta. E acho que você, amigo leitor, vai concordar comigo quando penso que neste exercício de fé é imprescindível cada um de nós olhar o seu quarto escuro e que isso não é fácil.

Precisamos vibrar sem raiva, sem dor, sem excesso de dó de si mesmo, pois todas as vezes que nos colocamos na situação de vítima estamos dizendo para o mundo à nossa volta que não temos atuação sobre as questões que nos afligem.

A figura mitológica do Arcanjo Miguel destruindo um demônio é como o deus Shiva do Hinduísmo pisoteia o mal. Mas o que isso significa se não a força da fé, da entrega ao divino em nossa vida? Não guardamos o mal, a dor, o rancor ou o sofrimento dentro de nós. Deixamos o demônio solto para esse ser de luz destruir.

Isso quer dizer que guardar raivas, desejo de fazer justiça, dó de si mesmo, sentimento de vítima, nos afasta da ação de Deus. Para deixar Deus atuar em nossas vidas precisamos mesmo pedir que o Arcanjo Miguel aja dentro de nós retirando o demônio interno.

Ver o mal é fundamental, descobrir o que causa raiva, dor, sentimento de inferioridade em nossa alma dá início ao caminho de libertação. Tudo o que está fora vibra dentro de nós, tudo o que o mundo oferece encontra ressonância em nosso interior. Podemos, de fato, não ter como mudar o externo, nem as pessoas, e muitas das situações complicadas são resgates cármicos, colheita de ações que tivemos em vidas passadas. Mas mesmo diante dessas questões complicadas podemos ter uma visão mais expandida, amorosa e lúcida. Para isso ativamos a consciência espiritual e podemos usar a energia dos raios divinos, como mostrarei citando exemplo neste livro.

Mas não deixe de chamar Arcanjo Miguel, pois como sempre explico, a sintonia energética não é apenas uma conexão mental, mas algo mais profundo que age na nossa energia e alma.

Uma vez, viajando à noite para a cidade de Monte Verde, no sul de Minas, de repente resolvi invocar Arcanjo Miguel. Como tenho o hábito de cantar mantras e fazer orações aceitei isso com naturalidade, e comecei:

"Arcanjo Miguel à frente, Arcanjo Miguel atrás.
Arcanjo Miguel à direita, Arcanjo Miguel à esquerda.
Arcanjo Miguel em cima, Arcanjo Miguel embaixo.
Arcanjo Miguel por dentro, Arcanjo Miguel por fora.
Arcanjo Miguel, Arcanjo Miguel, Arcanjo Miguel.
Eu sou a sua luz que protege aqui. Eu sou a sua luz que protege aqui.
Eu sou a sua luz que protege aqui".

Passados mais ou menos cinco minutos surgiu à nossa frente um desvio na estrada e quase caímos numa ribanceira. No último minuto meu marido conseguiu desviar o carro e por muito pouco não sofremos um acidente. Terei sido um veículo da manifestação do poder de São Miguel Arcanjo ou foi a prática constante das orações que me levaram à sintonia desse ser de Luz que protege as pessoas?

Não saberia responder, mas sou agradecida por sua interferência.

Sei que Deus é um só, mas confio plenamente que para a Sua ação divina Ele divide tarefa com Seus muitos auxiliares e amados professores.

Arcanjo Miguel traz a egrégora de proteção espiritual e iluminação fazendo com que nós possamos entrar em um estado de graça, aliviando o sofrimento, conectando com a fé representada lindamente pela luz azul do primeiro raio.

Observando mais uma vez a figura do Arcanjo Miguel veremos claramente que sua espada levantada ao céu traz o divino para a terra, fazendo a nossa conexão com Deus, elevando a consciência.

A seguir ensino duas meditações. A primeira se direciona a pessoas que desejam se libertar de situações genéricas como aprisionamentos, inveja, medos, confusões e complicações, porém, tenho tratado de muita gente com as questões mais difíceis ligadas a pessoas da família, pai, mãe, irmãos, enfim, situações bem complicadas porque envolvem uma série de sentimentos confusos. Já que em relação à família ora temos raiva, ora culpa, ora dó do outro, ou tudo isso misturado.

O que significa que não somos livres, não estamos libertos dessas pessoas nem dos sentimentos que elas nos trazem. Para agir sem culpa, buscando uma libertação, somente usando mesmo a energia do Arcanjo Miguel. Uma energia forte, porém de amor.

Claro que não queremos fazer mal a ninguém e justamente esse tipo de cuidado nos impede de nos separar de forma pesada ou impulsiva dos familiares porque sempre farão parte da nossa intimidade e, mesmo no meio da confusão e da dor, são pessoas que amamos.

O Arcanjo Miguel, nesse caso, ajuda a libertar os laços da dor. Nesta meditação que ensino a seguir pedimos que se mantenham apenas os laços do amor, com isso trilhamos tranquilos nosso caminho.

Confira a seguir ambas as técnicas e use aquela que seja mais adequada à sua situação e, por favor, não se culpe por sentir raiva do seu pai, do seu marido ou da sua mãe. Isso muitas vezes é absolutamente normal e saudável. O que não deve acontecer é permitir que essa raiva se transforme em ódio prejudicando você e aqueles que estão ao seu redor. Por isso é preciso se limpar e curar as feridas o quanto antes.

Lembro sempre que os mentores dizem que não existe maldade, mas inconsciência e ignorância das leis espirituais... Acho que você também pode dar ao outro essa chance de errar. Não é?

Meditação da Chama Azul com o Arcanjo Miguel

Mentalize, imagine que você está na frente de Arcanjo Miguel. Veja-o lindo, majestoso, cercado de luz azul-celeste. Peça a ele que abençoe você. Visualize então que ele coloca sobre a sua cabeça sua espada de luz. Veja que a luz dele entra em você. Cobrindo o seu corpo, sua mente e seu espírito. Peça que a luz liberte você do sofrimento e da dor. Peça que seja limpo de toda doença, maldade e inveja.

Visualize a luz azul de Arcanjo Miguel purificando o seu ser.

Meditação: Cortando os Laços com o Arcanjo Miguel

Visualize, imagine o Arcanjo Miguel na sua frente e ao seu lado a pessoa com a qual você tem dificuldades. Imagine que você está em um cilindro de luz azul e que a pessoa ao seu lado está em outro cilindro de luz também azul. Esses cilindros se tocam em alguns pontos. Observe quais são esses pontos. Se você conhece sobre chacras e suas energias tente entender o que o está prendendo a essa outra pessoa. Caso contrário, simplesmente deixe passar.

Peça ao Arcanjo Miguel que com sua espada de luz rompa todo o mal e liberte vocês da negatividade que os une. Visualize então vocês dois se afastando e o Arcanjo Miguel se colocando entre vocês.

Imagine a imagem dessa pessoa sendo dissolvida pela luz violeta que derrama sobre cura, bênçãos, perdão, etc.

A Lição de um Quilo de Sal e de Açúcar

"Era uma vez um monge que recebeu do seu mestre 1 kg de sal e 1 kg de açúcar. Naquele momento ele saía para uma peregrinação. Essa peregrinação era o momento de transformação de sua vida. O momento em que ele seria testado. Ele sabia disso e o seu professor lhe disse:

'Meu filho, não tenho o que lhe oferecer. Este ano a colheita não foi muito pródiga, então só posso lhe oferecer 1 kg de sal e 1 kg de açúcar, e, durante esse um ano em que caminhará pelas cidades, pelas florestas, você só vai receber o que lhe for dado. Você não poderá pedir.

Assim, esse monge, muito feliz e esperançoso de seus passos, se sentindo triunfante em relação a um caminho pelo qual não havia seguido, na sua ingenuidade não reconheceu os traços da arrogância em si mesmo. Começou a caminhar e é claro que, no fim daquele dia, seu corpo estava dolorido e com fome. Então, nesse momento, disse a si mesmo: *'Comerei do açúcar, porque me dará energia, vou me sentir bem e acho que não fará mal para o meu caminho se ingerir esse açúcar'*. E assim o fez.

Durante algumas horas ele nem conseguia dormir, porque não estava habituado ao sabor daquele alimento e a sua mente entusiasmada com tanta excitação causada pelo açúcar pensava de forma louca.

Ele acordou no dia seguinte, continuando sua caminhada e muitas vezes disse para si mesmo: *'Burro, idiota, comeste do açúcar e olha o que deu... Esta noite se não tiver o que comer, comerei sal, porque pelo menos o sal saciará e não precisarei comer tanto. Carregarei esse sal e esse açúcar comigo e renderá muitos dias. Daqui para a frente só comerei sal'*. E assim ele fez, comendo sal, colocando um pouquinho daquele alimento na boca e sentindo muita fome.

Depois de ingerir o sal vieram as dores pelo corpo e a necessidade de beber água que naquele momento ele não tinha.

Assim os dias foram passando. O monge às vezes ganhando algum alimento, recebendo das pessoas que estavam acostumadas a dar, porque a generosidade era aprendida naquela época como uma habilidade social. O homem já nascia sabendo da necessidade de compartilhar. Uns mais, outros menos, porque sempre no mundo existiram os avarentos.

O monge foi caminhando, caminhando e a quantidade de sal e de açúcar naturalmente diminuindo e um dia ele viu crianças que estavam dançando, felizes e naquele momento pensou: *'Puxa, como é bom ser criança...'*. E as crianças meio que atraídas por sua presença chegaram até onde ele estava e pediram açúcar; açúcar em pedra que era o que carregava. O monge olhou para o seu torrão, olhou para os olhos das crianças e não era exatamente fome o que elas transmitiam, mas o desejo pelo sabor daquele alimento. Ele ficou muito duvidoso dentro de si sobre o que fazer: *'Eu dou a eles ou eu guardo... ainda tem muito tempo na minha caminhada...'*. Mas um impulso maior atingiu seu coração e ele quis compartilhar. As crianças consumiram quase que instantaneamente o torrão de açúcar que ainda lhe restava, mas ele se sentiu tão feliz que aquela felicidade preencheu o coração dele e o jovem monge teve a certeza de que não passaria fome, de que não teria necessidade, porque Deus esteve ali presente no seu coração. E naquele momento sentiu que amadurecera no seu teste. Continuou carregando o sal e não se lamentou do açúcar.

Ele foi seguindo aldeia após aldeia, ganhando uma fruta de uma árvore, ficando por ali alguns dias parado, caminhando e recebendo um prato de comida de alguém e aprendendo com a vida, olhando aqueles que estão à sua volta, porque mérito maior não há do que compartilhar, do que olhar para os lados.

Uma vez ele ouviu o seu mestre lhe dizer: *'Observe-se, pois quando você se fecha, quando você olha demais os seus próprios problemas, propriedades suas lhe parecerão. Você tomará posse dos problemas e não conseguirá mais viver sem eles. Olhe para os lados e veja que os problemas não lhe pertencem e você se sentirá leve e afortunado, porque até os problemas você pode compartilhar com Deus'.*

Esse monge teve experiências lindas como no dia em que chegou em um asilo que há muito tempo não experimentava o sal, porque tanto o sal quanto o açúcar naquela época eram coisas muito, muito preciosas e aquele presente que ele ganhara do seu instrutor era muito valioso. Talvez se o monge tivesse trocado por algumas moedas de ouro, elas teriam trazido a condição de subsistir, mas ele sabia que aquilo que as pessoas carregam deve ser consumido, que as coisas não são feitas para serem guardadas, mas aproveitadas, experimentadas à sua exaustão.

Quando chegou a um asilo de idosos, a sopa estava sendo cozida. Lentilha, algumas raízes e rabanetes e a senhora que cozinhava, que também era idosa, olhou para ele e disse: *'Puxa, se tivéssemos um pouco de sal para cozinhar para esses velhos, talvez até as doenças deles se curassem, porque uma vez eu ouvi em um sonho que um monge me traria sal e esse sal teria poderes curativos e não somente aos velhos, mas às famílias que vêm aqui se alimentar de um prato de sopa. Todos seriam curados'.*

Ele naquele momento olhou para si mesmo e pensou: *'Serei eu esse monge? Serei eu esse agente Divino que pode curar as pessoas?'.*

Em um instinto infantil, porque ele sempre guardou dentro de si um lado jovem, muito pronto para acreditar na vida e, nesse instinto, ele agiu e ofereceu o sal àquela mulher e disse a ela com o coração aberto: *'Não sei se sou eu, minha irmã, mas aqui está o sal'.* Ela colocou o sal na sopa e o sal aliviou as dores dos velhos, porque havia nele o componente mais sagrado: a fé.

O monge ali, naquele momento, tinha sido um instrumento de cumprir com algo que foi prometido àquela mulher em um sentimento, em um sonho, em uma projeção de sua alma e o sal ajudou a curar as dores dos enfermos, dos velhos e a saciar a fome daquele vilarejo que há muito tempo não experimentava um prazer semelhante.

Quando o monge dormiu naquela noite com a barriga cheia daquela sopa de lentilhas e rabanetes, ele não sabia conciliar o sono porque sua mente estava agitada com tanta emoção. O rapaz pensava: *'Meu Deus, a viagem que deveria ser de um ano durou pouco mais de um mês e eu não tenho mais sal nem açúcar... O que eu faço? Como volto para minha casa? Como volto para meu mestre e digo pra ele que eu não cumpri a minha peregrinação?*

Sim, porque era para ficar durante um ano carregando esse sal e açúcar e em pouco mais de um mês não tenho mais nada, eu só tenho eu... Eu não posso... Eu tenho que falar com ele'.

E mais uma vez agiu por um impulso da alma. Sim porque sempre houve no sentimento desse monge algo muito infantil, algo muito simples. Ele resolveu voltar e, quando chegou, o Mestre estava na porta à sua espera: *'Boas ações você cumpriu não foi, Meu filho?'*. E acolheu o monge com os braços abertos.

Muitas vezes não sabemos qual é o nosso caminho, nem qual é a nossa missão com as pessoas, nem qual tempo exato que temos de vida, mas se tivermos a fé, o amor e o desejo de compartilhar, Eu, Mestre da Chama Amarela, afirmo a vocês que é suficiente.

Amem, amem as pessoas, se doem às pessoas, compartilhem com elas. Não tenham medo de gastar o seu quilo de sal ou de açúcar fazendo alguém feliz, porque a felicidade do outro preencherá o seu coração com Deus.

Fui esse monge. Sou Lanto e abençoo esse grupo, abençoo o trabalho espiritual que vocês estão começando junto às comunidades carentes, porque esse é apenas o começo.

Vocês na energia do amor e da fraternidade que está sendo plantada nesta casa trabalharão muito, mas serão cobertos espiritualmente de bênçãos. Acreditem na prosperidade em todos os níveis e se dediquem ao trabalho social, porque nós garantimos que a prosperidade virá.

Recebam minhas bênçãos, amor e luz.

Humildemente digo a vocês: Não nasci Lanto... me tornei. Arduamente combati a minha personalidade que muitas vezes mantida pelo meu ego inferior quis me direcionar, mas mais forte do que o meu desejo do ego foi o meu desejo do amor e, nesse amor, abençoo vocês.

Sigam o seu caminho em paz."

MENSAGEM CANALIZADA EM 24 DE JANEIRO DE 2007

Simplicidade parece definir a presença luminosa do Mestre Lanto que escolheu o caminho monástico para sua ascensão. Lanto atua no plano sutil em sintonia com a filosofia de vida do Oriente, em especial a China, Japão, Nepal, e Tibete, onde o Budismo teve grande expansão.

A Chama Amarela em sintonia com a sabedoria e a iluminação nos leva ao mundo ideal concebido por Lao-tsé, que pregava a harmonia no mundo material e a passividade na recepção da graça espiritual. Muitos de nós entendem que só podem alcançar essa paz em templos ou lugares consagrados à oração. Lanto nos remete de volta à dura realidade do cotidiano e nos convida viver nossos ideais de paz, amor e igualdade na vida prática como a única forma de interiorizar as lições.

O Segundo Raio — Chama Amarela e a energia do Oriente também sintonizam com as lições de Confúcio que, como Buda, nasceu em uma família rica e demonstrou em seus ensinamentos que precisamos de uma atitude social e humanitária diante das necessidades dos nossos irmãos menos favorecidos, como é exaltado nesta mensagem.

Quero contar a vocês que essa canalização aconteceu em um momento em que meu grupo trabalhava ativamente na reforma de um asilo que atende idosos carentes na periferia de São Paulo, o que absorvia boa parte do meu tempo, pois além de verificar as necessidades e tentar suprir aquilo que estivesse faltando sempre me coube manter em alta a motivação das pessoas que estavam ajudando com alimentos, etc.

Entendo que arregaçar as mangas e fazer serviço social não é uma coisa muito fácil, já que sempre encontramos barreiras e perguntas sem respostas, mas isso não deve nos impedir de seguir nosso caminho de amor e doação. Aprendi com os mestres que doar e abrir o coração abre espaço para a compreensão mais elevada da vida e dos desafios da nossa existência, isso sem comentar o fato de que ajudar ao próximo alivia o peso do carma de ações negativas de nossas vidas passadas.

Boa vontade e disposição para servir exigem elevação da nossa alma, abertura do coração e discernimento, como nos ensinam os mestres de Luz.

Segundo Raio – Chama Amarela

Mestre Kuthumi — Mestre Lanto — Buda — São Francisco de Assis

Virtudes — Sabedoria, iluminação, prosperidade, amor ao próximo e paz.

Atua harmonizando o 3º Chacra, trazendo luz para questões emocionais. Ligada à inteligência e à iluminação. O segundo raio atua também fortemente na expansão do intelecto no chacra da terceira visão e na abertura do cardíaco para uma compreensão iluminada das questões da vida. De forma geral a luz amarela vibra trazendo compreensão dos fatos, sabedoria, intuição e preenchendo o vazio interior.

Desafio — Harmonizar as emoções (libertar as pessoas dos sentimentos de superioridade ou inferioridade).

Quando recebi essa mensagem acima, foi uma lição de incentivo à nossa ação junto aos desvalidos, e uma expansão do coração que estava acontecendo com clientes e amigos que iriam ajudar no asilo. A vibração da Chama Amarela ensina que a prosperidade é uma luz intensa que ilumina a nossa vida como um todo, nos libertando dos ditames do ego que só quer receber. Nesse processo é natural iluminar também as dificuldades justamente para termos forças de fazer as mudanças necessárias para nosso crescimento e limpeza.

Se desejo prosperar, preciso me abrir à prosperidade, oferecendo ao mundo à minha volta o melhor de mim, minhas mais lindas habilidades de maneira expansiva e boa. Porque de nada adiantam condições materiais se não tivermos também prazer de viver, bom humor, saúde e felicidade. Os mestres ensinam que se nos focarmos apenas nos resultados materiais não encontraremos felicidade.

Como ensinou São Francisco de Assis devemos compartilhar, respeitar as necessidades dos mais fracos e ajudar aqueles que precisam do nosso apoio. Ele, que foi uma das encarnações de Mestre Kuthumi, serviu à Chama Amarela com exemplo de sua vida, ensinou que devemos nos despir do excesso do desejo pelas coisas materiais. Vamos lembrar que ele agiu em plena Idade Média em uma Europa contaminada pelo apelo poderoso julgo dos senhores feudais que mantinham a riqueza como algo fechado e egoísta. Mas será que essa atitude é diferente da de alguns homens poderosos do nosso tempo?

A vida na matéria é cheia de instabilidades, já faz parte do jogo divino certas coisas darem certo e outras, errado. Muitas vezes, inclusive, somos nós que criamos as dificuldades com nossa própria inconsciência. Isso acontece quando pensamos muito em uma situação negativa. Sem querer ativamos a vibração para que essa negatividade se concretize. Por isso é fundamental manter-se positivo. Não um pensamento positivo mentiroso, quando repetimos feito papagaio que a vida é boa, mesmo quando não acreditamos nisso. O verdadeiro positivismo nasce da expansão da consciência quando percebemos que há uma força maior que nos motiva e que mesmo sem compreender perfeitamente o porquê de alguma prova a aceitamos, pois sabemos que fazia parte do percurso passar por aquilo e que dias melhores virão. Devemos observar que a vida muda e que sempre novas oportunidades estarão no caminho.

Os mestres de Luz nos ensinam a levantar sempre olhando para o dia que se descortina à frente. Não importa quantas vezes vamos cair, precisamos aprender a andar, ativando nossas forças, pois a vida sempre continua.

Desapego dos desejos do ego mobiliza essa força da Chama Amarela. Nos meus grupos ensino os mantras como forma de lapidar e entreter a mente em coisas positivas e elevadas. Quando a mente está limpa podemos pensar e vibrar coisas positivas. Ao contrário, nos tornamos escravos da mente do desejo.

Acredito que esse era o motivo de pessoas procurarem a vida monástica. Havia nelas o desejo de se livrar das dores da matéria, da falta de dinheiro, de amor e de compreensão. Será errado pensar assim?

Acho que não. Mas também não é fácil abandonar a família, o emprego ou compromissos pessoais para viver uma vida monástica. Em tempos antigos os templos também eram escolas, então havia outros atrativos... Pessoas ligadas à vida religiosa também poderiam estudar, aprender a ler, cantar, etc. Claro que muitos abusos foram cometidos justamente por aqueles que faziam os votos de uma vida monástica sem o devido preparo. Estavam presos à forma, como usar um manto... Mas sabemos que as vestes não fazem um monge.

Pessoalmente acredito que vida espiritual se faz aqui mesmo neste mundo, encarando as dificuldades materiais, o relacionamento familiar, etc.

Como ensina Sai Baba: "Cabeça na floresta e mãos na sociedade".

༺❀༻

Plantar árvores sempre foi um desejo acolhido em meu coração, mas não sabia que aprenderia com o plantio uma lição tão interessante ligada à Chama Amarela e ao amor iluminado dessa energia.

Quando o asilo que ajudamos mudou para uma chácara descampada, essa ideia começou a tomar forma, até que finalmente marcamos um dia de plantio. O que vou contar a seguir aconteceu nesse domingo tão especial no mês de maio...

Falar que o nosso encontro foi um sucesso não seria o suficiente para transmitir a quem não esteve lá conosco a vibração que recebemos de amor e cura quando nos propusemos a plantar árvores em um terreno inóspito que abriga o asilo.

Foi de fato um dia muito, mas muito especial. E pelo retorno que recebi de algumas das pessoas que participaram da ação Verde pelo amor e pela cura da impotência, que foi como chamei o evento, os insights *foram profundos e transformadores.*

Alguém pode até se perguntar: o que pode mudar na vida de alguém plantando uma árvore ou vendo a velhice?

Posso garantir que ver e sentir tudo isso muda e muito nossos conceitos. Olhar para trás também faz os seus milagres.

Concordo com aqueles que pensam na importância de nos dedicarmos à concretização dos nossos sonhos. Acho inclusive que é fundamental sonhar, porque sem sonhos e sem ideais não chegamos a lugar algum, mas não basta sonhar, não basta idealizar a vida porque o tempo passa e aquilo que a princípio parece ser apenas um futuro distante, rapidamente torna-se presente. E vendo aqueles velhos acho que seria desrespeitoso dizer que eles um dia não tiveram sonhos, e ainda cabe perguntar: o que será que fizeram com eles?

Todos sonhamos, queremos coisas e situações melhores para nossas vidas, mas o quanto nos dedicamos a colocar esses sonhos em prática?

Refletindo sobre tudo isso pergunto quanto de tempo, energia e amor colocamos em nossas empreitadas, e o que de fato esses desejos transformados em sonhos seriam úteis para o mundo à nossa volta?

Sim, porque em algum momento acho que devemos nos perguntar da validade dos nossos sonhos.

Somos egoístas em sonhar?

Há uma congruência entre os nossos sonhos e a realidade?

Porque se as respostas para essas questões forem negativas, podemos crer que estamos caminhando inevitavelmente para a frustração. E ali vendo aquelas pessoas que já tiveram o seu tempo de ação e não souberam aproveitar corretamente suas forças, fomos despertos do nosso leito sonhador e trazidos para a realidade que nos obriga ver a vida à nossa volta e a desejar transformar e melhorar o presente para receber e concretizar nossos sonhos. Tudo isso graças à lucidez e ao despertar da consciência que frente a situações diferentes como este seva despertam em nós.

Quando oferecemos trabalho ao próximo sem esperar nada em troca, apenas o bem do outro, parece que uma química divina age em nosso cérebro e em nosso coração abrindo a consciência para um entendimento maior da vida. Isso é tão interessante quanto real.

Naquele dia aprendi que não basta sonhar, é preciso plantar nossas expectativas de vida no mundo objetivo e ter persistência para alcançar um resultado.

Olhando aquela movimentação do Domingo, com as pessoas chegando com suas mudas de plantas, as crianças alegres com suas ferramentas de jardinagem invadindo os canteiros da horta abertos para recebê-las, e um lindo altar preparado no refeitório, não pude deixar de me emocionar. Afinal, eram mais de 50 pessoas de todas as idades ali reunidas para realizar um sonho que compartilhei com todas elas. O sonho de criar um ambiente verde, mais alegre e saudável para pessoas que não tinham mais esperança em seus corações.

Foi uma surpresa linda para uma pessoa como eu, que trabalha com a mente, as visualizações e as meditações, ver um sonho sendo realizado. Envolvida ainda no enlevo do momento, meu amigo Geraldo subitamente me trouxe para a realidade quando disse:

"Sabe, Maria Silvia, essas árvores têm que ser cuidadas para sobreviver. Não basta molhar duas vezes por semana. Nós vamos ter que voltar aqui no mês seguinte para colocar adubo, e a horta também precisará de cuidados...", disse ele, sorrindo, empurrando um carrinho de mão carregado de terra preta tirada de um canto do terreno e trazida para dar força a cada um dos 60 pés de árvores, na maioria frutíferas, que plantamos...

Ele nem parecia a mesma pessoa que frequenta assiduamente meu grupo de meditação há anos. Ali de chapéu de palha ele era um homem da terra, alguém realizando um sonho de um mundo verde e melhor.

Mas tenho de dizer que suas palavras tiveram o efeito de um balde de água fria caindo sobre a minha cabeça.

Claro que teoricamente todos sabem que uma plantação exige cuidados, mas não estava preparada para isso. Como muitas vezes ajo por impulso, minha intenção era apenas semear. Com sinceridade vou dizer a você, amigo leitor, que não pensei em cuidar, em dar manutenção, em assumir o compromisso de voltar lá meses seguidos...

Na hora me veio em mente a importância do grupo, o quanto aquelas pessoas foram fundamentais naquele trabalho. Como conseguiria motivá-las a dar continuidade ao "seva", trabalho espiritual dedicado ao próximo, como aquele que realizamos naquele dia?

Como conseguiria que as pessoas voltassem no próximo mês, e no próximo e no próximo?

Sei muito bem como a maioria dos paulistas funciona porque faço parte desta realidade. Trabalhamos demais, temos uma família para sustentar, precisamos de dinheiro, precisamos de lazer e não queremos mais compromissos do que aqueles que já assumimos.

Acho que nos tempos atuais não há quem não se sinta cobrado e fazendo além dos limites. Assim pensar em mais um compromisso me desmotivou por alguns minutos... Minutos porque logo fui tirada desse pensamento quando pessoas me chamaram, e logo me envolvi em outros assuntos.

É muito interessante observar o que rola numa ação como essa em que as coisas acontecem em paralelo, pessoas se encontram, trocam ideias e telefones, fazem amizade, surgem também situações de stress, enfim são momentos muito ricos em aprendizado e troca, isso sem contar na questão energética e vibratória que é trabalhada no astral.

Assim, quando ia entrando na preocupação de como realizar a próxima ação, me lembrei de viver o agora, me lembrei de me dedicar profundamente ao presente porque é assim que a vida dá certo. Entrar no desejo de controlar o que vai acontecer daqui a um mês não solucionaria nada. Quando já mais tranquila pensava em tudo isso, muitas pessoas já tinham ido embora e um grupo menor estava lá conversando com os idosos, e assistindo à brincadeira das crianças que se esbaldavam carregando um cachorrinho vira-lata de um lado para o outro. Subitamente entendi que o sonho do dia estava realizado, as árvores estavam plantadas, as pessoas atendidas e a energia espiritual trabalhada. Aconteceu tudo o que imaginei e muito mais porque o grupo ofereceu carinho e atenção aos idosos, e se comprometeu de ajudar a arrumar a casa deles, mas o mais bonito foi ver que a caridade saiu daquela condição de desnível social e preconceito, tipo: "Vamos fazer para os pobres...".

Estávamos ali numa casa que era nossa também, fazendo parte daquele momento especial que o destino traçou.

Sem pensar ou planejar racionalmente esse dia de plantio, promovera uma integração social, não apenas entre meus convidados, mas entre todos, funcionários do asilo, velhinhos, crianças e árvores. Foi lindo perceber que ali a Mãe Divina era a Terra e como mãe nos ofereceu o fruto mais bonito e tenro que ela tem, a experiência do amor compartilhado...

Meditação da Chama Amarela — Margarida

Visualize, imagine uma enorme margarida. Pétalas amarelas e um sol, como se fosse um sol dourado, brilhando sobre você.

Entre em sintonia com essa imagem e receba dela a sua emanação de luz. Deixe cair sobre você as pétalas da alegria, da confiança, da fé e da coragem.

Abra a mente e respire profundamente. Os mestres de Luz da Chama Amarela estão atuando no seu corpo sutil, tirando a tristeza, o excesso de peso dos compromissos, dos quereres e das dores.

Visualize agora um jardim florido. Abra a mente para ver. Veja um jardim enorme e cheio de margaridas. Caminhe nesse jardim, ali está sendo projetado na sua tela mental um encontro perfeito com um ser de imensa luz, para sua cura e para seu amor.

Abra a mente e deixe a imagem abraçar você, conduzi-lo e tenha com este ser um profundo diálogo. Fale da sua vida e ouça aquilo que este ser tem a lhe dizer.

O Barro como Condutor

"Do barro podem sair os mais belos artefatos. Tudo dependerá de como ele será pisado, revolvido, amassado e transformado por mãos habilidosas. Retorcido e refeito tantas vezes quanto necessário. Desmanchado pela água, e acolhido novamente por braços e lágrimas que transformam a matéria da terra na projeção viva do espírito.

Do barro podem sair os úteis tijolos para a edificação de casas ou os vasos e utensílios que servirão às pessoas ou ainda as mais belas estátuas que enfeitarão apenas o olhar e o sentimento daqueles que têm a capacidade de compreender aquilo que é mais sublime.

Assim é o barro da vida de vocês. Não se transtornem quando o momento de suas vidas é de sofrimento. Não pensem que essa questão é temporal apenas na vida das outras pessoas, porque é mais fácil olhar o sofrimento do outro e dizer que vai passar, do que acreditar que o próprio padecimento será breve.

Procurem moldar o seu Eu interior, porque de acordo com a energia que você coloca dentro de si mesmo e de como é moldada definirá a alegria e o bem-estar.

Você é muito mais dono do seu destino do que pode pensar. Você tem muito mais controle sobre a sua vida do que jamais imaginou.

Ao contrário do que pensa, você não é um joguete do carma, do destino ou da ação das pessoas e do mundo à sua volta; você é o barro que todos os dias pode ser transformado em um utensílio, em uma obra de arte ou deixado de lado como matéria amorfa.

Trabalhe o seu mental, as suas crenças, permita que esse Eu Divino se manifeste na sua vida aqui e agora. Aceite o aqui e agora como o tempo da sua maior obra de arte que é você mesmo. Não dependa do amor das pessoas para ser feliz.

Você não modela apenas o seu destino, mas a si mesmo. Delineia o seu caráter, o seu ego, o seu jeito de ver a vida e de pensar. Você modela também suas palavras ou o seu silêncio. Amolda a ação do seu medo ou a dissolução dele pela sua manifestação de fé.

Cada dia é um novo dia, cada dia é um novo barro a ser transformado pelas suas mãos, porque na sua vida você pode ser Deus. Na sua vida você pode escolher como receber, como aceitar e como manifestar a sua luz.

As suas crenças ainda o aprisionam a este mundo e, ainda que a forma seja passageira, entendemos que você precisa fazer esse caminho.

Em sintonia com o governo espiritual e a ascensão do planeta, Eu Sou Paulo, Paulo Veronese e como artista que fui muitas vezes briguei com as incapacidades das minhas mãos, muitas vezes derramei lágrimas quando vi as minhas criações se transformarem pelo fogo em matéria inerte. Muitas vezes chorei, porque na minha mente criava algo lindo, maravilhoso, perfeito e quando trazia para a matéria era incapaz de concretizar, incapaz de concluir minha visão.

Durante muito tempo não compreendi que esse barro que amassava era minha própria vida e que esse movimento de sofrimento, incompreensão, dor e regalo faziam parte da minha ascensão.

Quando parei de sofrer, passei a deixar as minhas mãos fluírem, não como as mãos de um derrotado, mas como alguém que já conhece a técnica e que permite fluir e esperar, fazer e concluir, aceitar e continuar. E aí o meu grande encontro se deu em mim e pude ver que eu e Deus somos um só.

Trabalhem o poder da manifestação. Este tempo da Terra o qual vocês vivem hoje deve ser direcionado para manifestar o bem.

Vocês vivem um tempo assolado pela mídia mecânica. O ar que vocês respiram está cheio dessas informações transformadas constantemente em medo e sofrimento. Todas as vezes que um desastre abala uma cidade, toda a crença da população vai falar em dor e sofrimento e esses são os grandes nós da Terra: a crença na dor e no sofrimento.

Quando o Homem se esquece do sorriso de uma criança, do dente nascendo na boquinha de um bebê, das mãos suaves do primeiro encontro amoroso, o Homem esquece que ele tem Deus dentro dele se manifestando e se fixa na negatividade.

Desprender-se da negatividade é o caminho para encontrar Deus.

Pratiquem meditação, vibrem pelo bem, expandam a energia Crística, o Eu Crístico que existe em cada um de vocês e colaborem assim com as hierarquias espirituais que trabalham no astral pela ascensão do planeta.

A crença de cada um de vocês no bem, na saúde, na realização e na expansão do espírito faz o planeta elevar-se em consciência e em luz.

Recebam nossas bênçãos, amor e luz. A Fraternidade Branca está a serviço da Terra, do Pai e do Cristo Cósmico."

Mensagem canalizada em 17 de janeiro de 2007

Paolo Veronese, nascido em abril de 1528, na Itália, ao longo de sua vida encontrou a fama na Terra tornando-se um artista famoso e reconhecido como "Il Veronese" por ter nascido em Verona.

Mudou-se para Veneza na efervescência do Renascimento italiano. Frequentou a sociedade e deixou um grande legado artístico. Conforme conta a História, ele enfrentou a Inquisição defendendo a liberdade de expressão, pois no fim de sua vida não mais se deixou aprisionar ao ideal da forma amplamente difundido na época, o que confirma mensagens dele explicando sua própria evolução e aceitação em retratar as imperfeições humanas que tanta beleza exprime em suas incertezas.

Esse mestre assumiu a maestria não apenas na sua arte, mas também na arte de viver e de amar, como ilustra sua mensagem.

Terceiro Raio – Chama Rosa

Mestre Paolo Veronezi — Mestra Rowena.
Virtudes — Amor, autoaceitação, perdão, beleza e harmonia.

Atua harmonizando o 4º Chacra Cardíaco aliviando as pressões do coração, atua também em todos os outros chacras trazendo aceitação para os desafios e aprendizados de cada ponto.

Desafio — Fortalecer a autoestima, enxergar o eu divino, vencer o perfeccionismo e ver Deus nas diferenças.

O Terceiro Raio — Chama Rosa é uma vibração fundamental para a nossa evolução porque sem amor, sem autoaceitação simplesmente não existe caminho de ascensão e libertação. Pois não basta ver Deus nos templos, nas histórias dos mestres, precisamos ver a ação divina em nossa vida diária, porque de fato Deus ali se manifesta.

Como os mestres ensinam, devemos aprender a lidar com as adversidades, porque afinal não temos o poder de evitar certas situações e muitas experiências aparentemente muito desagradáveis podem se tornar importantes pontos de transformação em nossa existência quando usamos a óptica do amor.

Nessa sintonia lembro-me de uma cliente que veio me procurar porque não se conformava com o comportamento do marido que não acreditava em nada ligado à espiritualidade enquanto ela adorava o assunto, além do mais, ela reclamava toda chorosa que era desrespeitada por ele e que queria muito se libertar desse laço que considerava cármico.

Descobrimos nos nossos encontros que de fato seu relacionamento era um reencontro de Vidas Passadas, porém sugeri que antes de tomar qualquer atitude mais objetiva, essa moça deveria trabalhar a sua autoestima, a consciência do seu eu divino. E foi o que ela fez, além de se dedicar às práticas de meditação, oração e autocura, ela arrumou um emprego, começou a se sustentar e a enfrentar os seus medos.

Meses depois, mais consciente e mais lúcida, ela me disse que agora entendia perfeitamente o que significava "seguir o desígnio divino", e o deixar fluir. Ela disse que até então tinha deixado as coisas acontecerem e que tentava mudar o seu marido, pois entendia que ele estava "errado" e não ela. Assim, Ana perdia completamente o controle sobre sua vida e, por mais que as coisas fluíssem, ela nunca entendia para onde ir. Foi somente quando começou trabalhar o seu "Eu de luz" que essa moça sentiu um forte despertar de suas potencialidades e passou a acreditar mais em si mesma.

Devo confessar que Ana ainda está se trabalhando para encontrar um equilíbrio maior, mas posso afirmar que felizmente já aprendeu que temos de observar para onde a correnteza está nos levando para não afundar nas coisas pequenas do dia-a-dia.

Como ensinam os mestres, perceber nosso Eu divino e nossa ligação com o Pai nos torna co-autores do nosso destino...

Enfim, podemos observar com essa história que fluidez é um aprendizado constante na vida em elevar a nossa consciência para entender o que existe por trás das aparências.

Você que está lendo pode estar se perguntando como fazer isso?

Sempre sugiro a meditação como caminho, porque como um exercício de reflexão ela pode ajudá-lo a se encontrar. Em um primeiro momento sei que muita gente pensa em desistir, porque logo aparecem as dificuldades e não é fácil ver as coisas negativas, mas, somente vendo o que guardamos no quarto escuro poderemos efetivamente limpá-lo.

Meditação da Chama Rosa com Flor Cor-de-rosa

Visualize uma grande flor de pétalas cor-de-rosa. Imagine que você é atraído para o miolo dessa flor, você se deixa conduzir, se solta na suavidade dessa flor. Você sente que todo o peso, todas as tensões e negatividades são limpos pela energia dessa flor. Relaxe, solte todo o sofrimento e deixe essa luz cor-de-rosa limpá-lo.

Nesse sentimento de que você está melhor, mais flexível, amoroso, tranquilo, volte leve, venha voltando...

Mundos Diferentes

"Nasci numa família grande, com muitos irmãos. Como éramos ricos fui cercada de muitos mimos e hipocrisias, e acreditava que o mundo era aquilo que os meus olhos podiam ver, o mundo era aquele que os meus pés e mãos tocavam.

Foi muito difícil compreender que ele não se limitava à minha pequena visão, mas que existiam muitos outros mundos diferentes acontecendo à minha volta. Que se o meu mundo era repleto de belos vestidos, suaves aromas para seduzir em noites de festa, para as pessoas que trabalhavam para mim, que viviam comigo no meu quarto, o mundo delas era passar a ferro minhas belas roupas, limpar meus sapatos, arrumar as plumas dos meus chapéus e de preparar a minha *toilette*.

Nunca observei que pessoas tão próximas vivessem em mundos tão diferentes do meu. Achava que havia só um mundo.

Mais madura, observando a vida, descobri que para cada ser humano existe um mundo. Hoje afirmo que para cada um de vocês existe um mundo. Um mundo que é autocriado seguindo o seu ponto de vista, o foco dos seus olhos, a direção apontada por suas mãos por onde caminham os seus pés. Este mundo lhe pertence, é absolutamente seu. Entrará no seu mundo quem você permitir, e sairá dele quem você deseja.

Observe que o processo da transformação, da ascensão e da libertação está muito mais dentro de você, em você, no seu próprio mundo, do que nas mãos dos anjos, do que nas palavras dos Mestres, do que na ação do destino. Por isso, nós, da Fraternidade Branca, trabalhamos de maneira incansável na transformação pessoal e individual, trazendo a consciência. Acreditamos que expandindo a mente de vocês, dilatando a maneira pequena que vocês observam o mundo, serão capazes de transcender as suas dificuldades.

Acreditem na luz e ela virá, potencializem o amor e ele tomará conta de suas vidas.

Vejam, observem que não há verdade em envelhecer, não há verdade em ficar doente, não há verdade em empobrecer porque sua alma é eterna e está em seu estado original livre desses aprisionamentos humanos.

Quando alguma coisa difícil, ruim, afligir vocês e tomar conta dos seus corações, desviem a atenção, olhem para o outro lado, cantem uma música, digam um mantra, tomem água, respirem profundamente, caminhem, façam qualquer coisa, mas mudem a atenção de vocês.

A mente do Homem é o seu maior algoz ou o seu caminho de libertação.

A Chama Rosa, a chama do amor, da qual eu, Rowena, me tornei mestra, vibra através da energia do amor, que foi imantada nesta sala, ainda assim eu sei que se aqui estiverem 30 pessoas, 30 mundos existem, 40 pessoas, 40 mundos diferentes se entrelaçarão. Vinte e cinco pessoas, 25 universos, 31 pessoas, 31 maneiras de pensar.

Não importa o mundo, a intimidade e a relação que vocês tenham com alguém. Estejam conscientes de que cada um habita o seu próprio universo e que o único elo real entre vocês será apenas o amor.

A chance de libertação da alma, ou a ascensão, acontece quando nos ligamos ao universo divino. Aquele que se expande e aceita as outras pessoas, compreendendo as limitações dos que caminham junto, mas ainda assim não se limita, está mais perto do estado de graça e de amor. Aquele que compreende e ajuda o irmão que sofre e não se contamina porque sente que a despeito do sofrimento o plano divino está cheio de energia e amor também está mais próximo do consolo divino.

Trabalhem-se espiritualmente, expandam seus mundos e compreendam que a única energia realmente libertadora e divina é a energia do amor.

Façam a sua conexão com Deus e expandam a sua luz. Deixo nos meus filhos aqui presentes a Chama Rosa, em suas mãos recebam a minha luz.

Amo vocês, e por amá-los posso tocá-los e curá-los. Conectem-se comigo com a energia da Chama Rosa.

Sou Rowena, recebam minhas bênçãos, amor e luz."

Mensagem canalizada em 16 de agosto de 2000

O Terceiro Raio — Chama Rosa e a bem-amada mestra Rowena sempre me acompanharam neste trabalho de conexão com o sagrado.

Na elaboração deste livro fui buscar, no ano 2000, uma mensagem na qual ela colocou mais um pedacinho de sua história porque não poderia deixá-la de fora nesta compilação de biografias dos mestres da Fraternidade Branca. Ao longo desses anos de trabalho em sintonia com os mestres ascensos, Rowena foi uma presença constante em minha vida e muito me ensinou sobre o respeito às pessoas e como aceitar as diferenças. Sem medo de errar posso afirmar que a questão da aceitação da vida e de suas inúmeras facetas acompanhadas pela energia de amor deste ser iluminado me ajudou imensamente compreender o mundo e as pessoas.

Durante um bom tempo não entendia que aceitação também significava amor em um nível mais profundo. Rowena me ensinou que se não aceitamos as pessoas como são também não somos capazes de amar. Assim devemos primeiro aceitar e depois amar, e não o contrário, como costuma acontecer.

Rowena ensina que amor, perdão e aceitação caminham juntos não apenas na nossa correta convivência com o mundo e com as diferenças que ele apresenta, mas também na relação que mantemos com nossa natureza interior. Conheço muitas histórias de pessoas lindas com autoestima tão baixa que se martirizam tentando ser algo que nunca alcançarão.

O Terceiro Raio — Chama Rosa nos ajuda a expandir o coração para ficarmos mais leves em relação ao que sentimos e mais próximos de Deus.

Terceiro Raio – Chama Rosa

Mestra Rowena — Mestre Paolo Veronezi.

Virtudes — Amor, autoaceitação, perdão, beleza e harmonia

Atua harmonizando o 4º Chacra Cardíaco aliviando as pressões do coração, atua também em todos os outros chacras trazendo aceitação para os desafios e aprendizados de cada ponto.

Desafio — Fortalecer a autoestima, enxergar o eu divino, vencer o perfeccionismo e ver Deus nas diferenças.

Em um exercício de identificação da energia da Chama Rosa na vida cotidiana me lembro sempre de um amigo muito querido que constantemente usa a expressão "pensar fora da caixa" para sugerir que devemos abrir o pensamento quando queremos nos dar bem na vida, entender o outro e até mesmo fechar um negócio ou um contrato de trabalho. Mas o que significa pensar fora da caixa?

E afinal, que caixa é essa?

Podemos a princípio pensar que a caixa seja apenas a nossa mente, ou melhor, a nossa forma de pensar, mas refletindo sobre o assunto acho que a expressão se refere a algo mais que isso.

Pensei também nas pessoas que conhecia que pensavam fora da caixa. Lembrei de algumas que tinham uma forma de vida diferente da convencional. Uma dessas pessoas é uma atriz. Com um espírito jovem, bem disposta e totalmente descolada ela veio na minha mente como uma pessoa que vive fora da caixa. Foi aí que surgiu um *insight* interessante sobre o que é a caixa, pois até então estava pensando numa forma diferente de viver mais livre, mais solta e aberta às coisas do mundo. Porém, lembrando-me dessa atriz fui recordando de algumas situações bastante sofridas que ela enfrentou e das suas reações.

Na verdade ela se tornou minha amiga, mas nosso relacionamento começou em um encontro profissional. Ela veio com um amigo, também ator, para uma sessão de Vidas Passadas. Nordestina, vivia em São Paulo desde os 19 anos, mas para sua sorte mantinha ainda um pouco do sonoro sotaque da sua terra que lhe trazia um charme a mais. Bonita de corpo, pele morena e olhos expressivos, essa moça passava força e poder em cada movimento seu. Claro que a profissão ajudava, pois além de atriz ela também era bailarina. Porém, quando vimos suas vidas passadas percebemos o quanto ela se sentia vulnerável e o quanto se armava para não se ferir nos relacionamentos com as pessoas.

Ela era uma verdadeira guerreira, batalhadora e muito esforçada, quem a olhasse poderia facilmente notar essa fortaleza interior, mas mergulhando um pouco mais a alma dessa mulher estava aflita por carinho, gentileza e amor.

Quando conversamos sobre seus comportamentos ela me confidenciou que sempre teve vontade de ter um relacionamento mais íntimo, ter um filho, constituir família, mas por conta de sua vida profissional acabava não dando espaço para isso acontecer. Porém, agora o relógio biológico pedia esses ajustes e ela não tinha ninguém para ser o pai do seu filho...

Respirei fundo para refletir com ela sobre seus caminhos, pois não me caberia dizer o que fazer até porque o certo e o errado devem ser pesados na vida de cada um de nós. Se posso dizer algo que aprendi vendo as vidas passadas das pessoas e com a minha relação com os mestres da Fraternidade Branca é que não existem regras absolutas para a felicidade de ninguém e que as respostas não estão no outro, mas sim dentro de cada um.

Roberta estava presa à sua caixa. Vive diferentemente da maioria das pessoas porque não tem uma parada fixa, está sempre viajando, conhece pessoas desiguais, se veste de maneira diferente, enfim, está totalmente fora dos padrões normais das pessoas, mas está na "sua caixa". O que me leva a refletir com você, amigo leitor, é que cada um de nós tem a sua caixa. E para ser livre, abrir o pensamento, expandir o amor e de fato pensar fora da caixa precisamos fazer um mergulho interior e enxergar nossas limitações. Se ficarmos analisando as pessoas e a vida pelas aparências que chegam até nós não vamos aprender nada mais profundo e libertador. O esforço não é pequeno. E no caso da minha amiga tem sido um verdadeiro desafio, porque mesmo desejando um amor, um relacionamento mais duradouro e intenso, ela ainda não conseguiu tirar a armadura da mulher guerreira que um dia teve de vestir para sobreviver na capital paulista e se destacar como atriz. Então, o que fazer?

Trabalhar a autoconfiança, investir na autoestima e em seguida ter coragem de mergulhar no buraco negro de nossos medos mais profundos.

Essa moça continua minha amiga e vejo que há nela uma verdadeira intenção de mudar seus paradigmas; como todos nós, ela tem períodos mais felizes nos quais as coisas fluem com mais tranquilidade e outros mais conturbados quando tudo parece mais confuso e sem luz, mas entre altos e baixos ela está vencendo suas limitações. Depois daquele nosso encontro ela começou a fazer ioga e está muito feliz com os resultados.

Um dia, conversando, ela me disse que descobriu na prática do ioga músculos que nunca tinha acessado em suas aulas de dança, e que no relaxamento ela estava conseguindo se conectar com questões da sua infância que até então fizera tudo para esquecer, sentindo-se finalmente mais próxima do amor.

"E como você está se sentindo?", perguntei para incentivá-la a falar mais do assunto.

"Maria Silvia, juro que às vezes quero desistir de tudo isso, mas depois percebo que estou mais leve e volto com toda vontade a investir no autoconhecimento. Estava presa na minha armadura; agora percebo o quanto é importante me soltar."

Assim meu amigo, dentro do seu processo de abertura para a Chama Rosa e para o amor que ela traz sugiro que você pense na sua caixa. O que está aprisionando aí dentro de você?

O que você pode mudar na sua maneira de encarar a vida para ser feliz?

Se você já sabe da resposta, o que falta para colocar isso em prática?

Se não sabe, como acredito que nada acontece por acaso, sugiro que pense no seu caminho de vida, nas pessoas, naquilo que você desde o seu nascimento atraiu para viver. Porque essa caixa se refere a experiências da alma, que nada mais são do que intenções de aprendizado que neste plano material viemos resolver. Isso significa que soluções lindas são possíveis e estão ao alcance de todos nós.

Meditação da Chama Rosa com Bolas de Luz

Visualize suaves bolas de Luz que se derramam sobre você como uma chuva muito suave. Imagine à sua frente uma ou algumas pessoas com as quais você tenha alguma espécie de problema, mágoa, dor e ressentimento, e nesse estado de graça e de luz visualize essa chuva de bênçãos caindo sobre essa pessoa e deseje que seja abençoada e feliz. Pense que os laços da dor devem ser cortados para que existam e permaneçam os sentimentos mais amorosos e profundos.

Quando você projeta no outro aquilo de bom que existe em você, liberta qualquer situação tensa.

A cura está no amor.

Agora, expandindo a visão dessa chuva, visualize o planeta Terra sendo abençoado com essa energia de amor, perdão e Luz.

Olhar, mas não Carregar

"Amadas são as criaturas do Pai.

Quando fui um homem, muitas vezes julguei, olhei as pessoas e guardei seus atos falhos dentro de mim. Porque estava certo de que aquilo era errado. Por anos vivi assim.

Era um mercador, um homem que trabalhava muito, que suava a sua roupa para fazer as coisas darem certo. Era muito semelhante a vocês. Um homem esforçado que se considerava muito bom, porque era muito decente, honesto, correto, e não gostava de ver coisas erradas, porque o erro me fazia mal. E imediatamente quando via algo errado criava dentro de mim uma repulsa, um ódio, uma raiva e um desejo de ir até esse erro e arrumar tudo. Sentia vontade de dar ordens e passar lições de moral... Muitas vezes fiz isso, porque ao longo da minha vida ganhei dinheiro e dinheiro sempre foi sinônimo de poder. Então me tornei um homem poderoso e não vi as garras do destino tomando conta de mim.

Não vi que me afastava da simplicidade natural daqueles que vêm de um meio humilde, não vi que a arrogância tomava conta de muitas das minhas falas, não vi que não era tão necessário suar as vestes para ganhar o meu sustento já que agora as coisas vinham de modo mais fácil. Esqueci o quanto meus irmãos sofriam e o quanto era duro com eles que ainda não tinham alcançado uma condição como a minha.

Sem perceber meus olhos tão pesados, tão carregados se deitavam ainda de forma mais pesada sobre aqueles que ainda tinham muito que viver e aprender. Eu me achei abençoado pelos meus atos e com direito de criticar os outros e, aí, a balança do destino pendeu totalmente para mim e me vi tão seco quanto as areias do deserto, e tão distante quanto as nuvens longínquas que se mostravam no horizonte, mais jamais derramavam suas bênçãos em água, no lugar onde vivia.

Foi preciso anos de seca constante que desmoronaram muitos dos mercadores, que desfizeram pastagens e que trouxeram muita fome para que meus bens diminuíssem. Estava rico, mas comecei a me preocupar, porque o que seria de mim sem dinheiro?

Uma noite olhei para o céu impenetrável, com tantas estrelas e com sinceridade pensei: *'O que será da minha vida?'*. Daí uma daquelas estrelas desceu sobre mim em um branco profundo, profundo, profundo e o mestre de dentro dessa estrela Se manifestou à minha frente — **Seraphis Bey** era o nome dele. Senti um profundo amor de seus olhos.

Com muita suavidade me perguntou: *'Para que servem os seus olhos?'*. Fiquei espantado, porque queria apenas uma solução para meus problemas. Queria apenas que ele me abençoasse. Assim, quem sabe, aquela terra se tornasse menos árida, menos seca.

Sabia que ele era um ser de luz, afinal, havia presenciado um milagre. Queria apenas que ele ressuscitasse a terra, que ajudasse as pessoas, porque tomei, naquele momento, aquele ser como Deus, então Ele podia... claro que podia... Eu sabia disso...

Enquanto pensava tudo isso, como se ele lesse meus pensamentos, me perguntou de novo: *'Para que servem os seus olhos?'*.

Não soube responder, porque de fato sabia mais.

'Para olhar!', disse, sem muita convicção de que minha resposta seria a correta e naquele momento pensei que olhar era tão obvio e essa pergunta vinda de um ser de luz deveria ter outro significado, algo mais profundo, e me lembrei de todos os que não são cegos, mas também não enxergam.

Pensei em tudo que já tinha visto nessa vida. Vieram as cenas de quando era criança, o rosto das pessoas, meu pai e minha mãe. Vieram meus desejos também. Naquele momento lembrei de pessoas muito queridas e lágrimas vieram à minha face. Ele docemente passou as mãos nos meus olhos e perguntou de novo:

'*Para que servem os seus olhos?*', e eu disse: '*Para enxergar*'...
Ele olhou placidamente e disse:
'*É pra isso, meu filho, para enxergar e não carregar.*' E continuou dizendo: *"Não seja cruel no seu julgamento e não carregue as ações erradas ou as ações certas das pessoas dentro de você. Olhe, mas não julgue. Veja o que o mundo lhe oferece e escolha, mas não carregue dentro de você.*

Os olhos humanos são como dois pratos de uma balança. Ajudam as pessoas a discernir o que é certo, o que é errado; o que é bom e o que é mal para a vida delas, mas os olhos não devem carregar a maldade dentro de si. Os olhos não devem carregar a ignorância dos atos falhos dentro de si. Os olhos não devem carregar as imagens de sofrimento, de dor que este mundo venha a oferecer'.

Naquele momento, aquele ser de imensa Luz Branca me tocou e mudei a minha vida. Passei a ser muito mais leve, muito mais suave com as pessoas e me comprometi no serviço de ajudar a todos aqueles que quisessem aprender.

Hoje sirvo ao mestre Seraphis Bey e à Chama Branca.

Nós, que trabalhamos pela Chama Branca, somos os Senhores do Carma e não carregamos conosco as suas ações malfeitas, os seus atos falhos, as falações sobre a maldade, a fofoca, a vida alheia. Olhamos, ajudamos e quando possível tocamos a sua terceira visão, expandindo a sua consciência para que vocês saibam olhar com amor, olhar com paz, olhar para este mundo e não carregar."

MENSAGEM CANALIZADA EM 28 DE FEVEREIRO DE 2007

A Chama Branca vibra na sintonia das leis espirituais do antigo Egito, e da civilização perdida de Atlântida. Os mestres da Chama Branca ensinam que o carma não é como as pessoas pensam, algo pesado e sofrido, ao contrário, é uma grande esperança para aqueles que erram, pois oferece uma nova oportunidade de acertar oferecendo novamente situações semelhantes àquelas que a pessoa fez escolhas erradas.

O termo Serafin, que pode ser associado ao nome do mestre da Chama Branca, refere-se a um título que define uma condição angelical superior. Um anjo de infinita grandeza, sabedoria e amor.

Os ptolomeus, que governaram parte do território macedônio, respeitavam profundamente a autoridade dos mestres da linhagem de Seraphis Bey, que consideravam um ser divino que acessava as leis superiores. Mesmo em suas batalhas pela soberania já naquela época Seraphis Bey ensinava que o único território que o homem possui é aquele que seus pés tocam quando caminham, porque estamos nesta terra de passagem...

Quarto Raio – Chama Branca

Mestre Seraphis Bey.

Virtudes — Pureza, ascensão libertação do carma.

Atua harmonizando o 7º Chacra da Coroa expandindo a consciência e em todos os chacras promovendo limpeza, purificação e libertação.

Desafio — Vencer os limites pessoais e procurar ver o mundo em um ângulo mais aberto.

Acho que é um alívio pensar no carma como oportunidade e não como um peso. A Chama Branca traz essa consciência às pessoas. Os mestres com tanto amor e luz nos ensinam a ver a vida como uma oportunidade maravilhosa, porque eles são positivos, entusiastas e nos incentivam a conectar a luz do nosso interior, mas isso na prática não é tão simples.

Como qualquer pessoa, eu não gosto de passar por situações difíceis e se pudesse escaparia do sofrimento e da dor, mas sabemos que a vida não é bem assim. Às vezes aquele dito popular que diz que quanto mais rezo mais assombração aparece torna-se uma verdade e não tem como fugir.

Aprendi com os mestres que nessas horas o melhor é ver a onda passar e não esboçar muita resistência, pois quanto mais resistimos mais difíceis e confusas se tornam as situações. Porém não quer dizer que não tenhamos nenhuma ação diante dos momentos estressantes da vida. Percebo que muita gente vem em busca de vida espiritual e chega aos meus grupos de meditação e canalização das mensagens espirituais dos mestres de Luz porque a vida não está dando certo, estão enfrentando uma decepção e acreditam que a ajuda espiritual poderá facilitar as coisas, e de fato isso é verdade.

Sempre brinco que poucos são os que vêm para a vida espiritual espontaneamente, já que a maioria acaba mesmo chegando com muito sofrimento. Isso não é diferente na Terapia de Vidas Passadas, pois a maioria dos meus clientes procura marcar um horário quando suas tentativas de felicidade se esgotaram. Não acho que isso seja errado, pois de fato podem-se encontrar muitas explicações em vidas passadas, porém a solução não mora no passado e sim no presente e em nosso comportamento na vida atual. Podemos descobrir que fomos nós os causadores de questões que hoje nos trazem grande infelicidade e tormento, mas de que isso adianta se não modificarmos profundamente nossas ações hoje?

A Terapia de Vidas Passadas mostra muitas vezes onde nasceu certas questões e orienta o caminho de cura, mas efetivamente caminhar depende de cada um, do empenho pessoal, e até da humildade em aceitar mudar de rumo. Vejo que muita gente se fixa em escolhas que aparentemente são corretas e por conta de uma falta de flexibilidade se perde na solidão. Digo isso porque a maioria das questões e problemas reside em nossos relacionamentos. Porque todos nós somos interdependentes do mundo à nossa volta, pois não existimos sem ele. Somos irmãos de alguém, filhos de alguém, amantes, namorados, colegas, pais e mães. Nossa vida está cheia de relacionamentos e, por conta disso, desempenhamos vários papéis ao mesmo tempo, e podemos em algum deles ter sucesso e fazê-lo com alegria e disposição enquanto em outro ficamos perdidos e infelizes.

Maristela chegou até a mim sem muitas esperanças e com poucas palavras. Via-se no seu rosto a sombra da tristeza. Ela era uma mulher bonita com seus 45 anos, com olhos bem azuis e cabelos escuros, aparentava menos idade, porém quando começou a falar imediatamente se transformou numa velha senhora.

Fazendo uma pequena pausa, meu amigo leitor, quero convidar você a abrir a mente para observar o mundo à sua volta. Você já percebeu que como minha cliente que em alguns segundos envelheceu anos fazemos o mesmo quando imprimimos nossa impressão negativa em tudo o que nos cerca, quando estamos tristes ou contrariados?

Já percebeu que quando estamos tristes tudo perde o brilho e que ao contrário, quando estamos felizes, a vida toma cor?

Pois bem, quando já em relaxamento, captei o inconsciente da Maristela e o que apareceu foi um mundo muito triste, de uma senhora rica que perdeu o marido na guerra e que mesmo depois do término do conflito nunca mais conseguiu reconstruir sua história porque foi tomada pela amargura. Sua alma dizia: *"Eu me fechei no meu mundo"*.

Maristela, que era professora universitária, logo que terminou a sessão, comentou que agora compreendia melhor o que estava acontecendo em sua vida, e foi me explicando que havia terminado um relacionamento de oito anos e que desde então a vida ia passando sem luz e sem brilho e que ela, antes uma mulher ativa e aberta ao mundo, continuava passando pelas questões, mas sem mergulhar em nada que acontecia. Estava triste, mas mais que triste estava contrariada com os rumos do destino sem aceitá-lo.

Conversamos muito sobre o fato de ninguém ser vítima das situações, e que devemos aceitar a vida como se apresenta. Ponderamos juntas que precisamos inclusive aceitar as escolhas das pessoas que às vezes não querem mais ficar conosco.

O que fazer quando levamos um fora?

Maristela, agora mais leve e até rindo do seu comportamento, me disse que muitas vezes pensou em se vingar de seu companheiro, mas que nunca teve coragem de levar a cabo o seu intento. Disse que uma força maior a impedia de tomar essa atitude e que agora ela entendia que seria péssimo fazer isso e que nada teria adiantado uma atitude assim.

Expliquei para ela que os mestres de Luz sempre ensinam a abrir a mente, o coração e a alma para a vida. Eles dizem que não devemos nos ver como derrotados, que precisamos aceitar a mudança, o novo.

Porém, nós aqui neste plano de existência sabemos muito bem que quando amamos alguém fica muito difícil aceitar que o relacionamento tenha acabado e procuramos feito loucos nos afastar de tudo, e com isso perdemos o contato com nós mesmos. A autoestima fica destruída, o amor-próprio em frangalhos e daí fica muito fácil cair em depressão e se achar vítima do destino nos fixando na dor sem querer vivê-la.

Conversamos muito sobre aceitação, sobre ver os problemas e acolher os próprios sentimentos e emoções, nessas horas o elo entre o acolhimento e a pena de si mesmo é muito tênue. Temos sim de nos acolher, mas também conviver com a nova fase da vida é fundamental para construir uma ponte para o novo momento.

O mais impressionante de tudo foi ouvir essa pessoa dizer que finalmente estava compreendendo que até então estava viciada no sofrimento e, por conta disso, tinha fechado os seus caminhos e agora desejava abri-los novamente...

Meditação da Estrela Reluzente de Seis Pontas

Visualize, abra a mente para a estrela de seis pontas.

Visualize um triângulo vindo do céu e entrando no alto de sua cabeça. Imediatamente visualize, imagine o triângulo perfeito vindo da terra e esses dois triângulos entrelaçando ao seu redor.

Imagine que você está dentro de uma estrela.

A energia do céu se encontrando com a energia da terra. O espírito e a matéria em um perfeito equilíbrio.

Use o seu poder para criar e fortalecer a imagem da estrela. Faça a sua conexão entre a força da matéria e a luz do espírito.

A História do Barqueiro

"Fui um humilde barqueiro. Vivia perto de um rio caudaloso aonde as pessoas todos os dias chegavam de manhã e pegavam o barco que era do meu pai para atravessar o rio. Quando criança achava aquilo uma festa, porque as crianças, na sua ingenuidade, veem tudo como uma festa, porque não sabem que problemas são problemas, que lágrimas são lágrimas, que as pessoas podem ficar tristes.

As crianças simplesmente deixam a vida fluir, e eu era assim. Não entendia por que meu pai reclamava tanto. Muitas vezes sentei-me naquela canoa com os passageiros e quando alguns diziam que não tinham moedas para pagar o percurso, não entendia por que ele brigava, falava mal e voltava comigo para o outro lado do rio completamente emburrado. Não entendia também por que aquelas pessoas não tinham moedas. O que eram moedas? Algumas coisinhas redondinhas que serviam pra quê?

Fui crescendo e entendendo que aquilo era o trabalho do meu pai e que, sem as moedas, também não teríamos o que comer e o que vestir. Com meu crescimento fui esquecendo o quanto gostava de mergulhar naquele rio e de olhar aquela correnteza. Fui esquecendo quantos peixinhos brinquei pescar. Esqueci também do rosto das pessoas que esperavam aliviadas o meu pai trazer seus parentes e amigos.

Olhei para aquele rio e não mais vi a beleza. Vi apenas uma forma de ganhar dinheiro, viver, pagar as contas e, quando meu pai finalmente me passou a função de barqueiro, o peso do mundo veio às minhas costas e esqueci o que era o prazer de viver e a alegria. Esqueci que poderia simplesmente olhar a vida e fazer o meu trabalho sem me preocupar tanto com o futuro. Esqueci as lições básicas que quando criança aprendera espontaneamente. Aí todos os dias eram custosos de passar.

Motivos de descontentamento não faltavam: se sentia frio era porque estava frio, se chovia era porque o rio estava caudaloso demais, se não chovia era porque estava raso e as pessoas não precisavam dos meus serviços, pois escolhiam trechos que elas mesmas seguiam caminhando.

Assim fui me inundando de preocupações, esquecendo a lição da fluidez, não lembrando que os meus pés tocavam a terra, pois tinha saúde para caminhar, e serviam as pessoas flutuando pelas águas todos os dias porque tinha um trabalho que me dava o sustento.

Era como se não me enxergasse mais. Uma sensação estranha de passar pela vida, mas não viver. Sei que muitos de vocês enfrentam essa sensação quando se sentem confusos, achando que não vivem. Reclamando dos problemas, das correntezas, dos dias quentes e dos dias frios, e da falta das moeda.

O homem faz isso todos os dias. Esquece que está nesta Terra como estava nas margens daquele rio: de passagem.

O plano material é uma passagem. O plano material não tem verdade em si mesmo e se aqui vocês estão passando, passem o melhor possível com alegria, amor, tranquilidade e paciência, porque, como as águas que tantas vezes atravessei, as coisas passam, as situações passam. Aquilo que não se resolveu se resolverá. Aquilo que não veio para você pode não vir nunca, como pode vir amanhã.

Trabalhem a fluidez. Permitam que a fluidez inunde o coração e olhem a beleza do rio da vida, porque a vida traz constantemente lindas paisagens, ainda que sejam as mesmas todos os dias.

Lembre-se de que você vê a vida através dos olhos das pessoas do seu convívio e que muitas vezes esquecemos de ver as belezas à nossa volta porque tudo se torna corriqueiro. Não valorizamos mais a presença de ninguém. Porque os filhos estão ali, pais estão ali e você não reconhece mais a beleza do semblante de cada um deles.

Embrutecidos com os desejos materiais vocês se esquecem de amar e se confundem, se tornando nebulosos, taciturnos, negativos, acumulando doenças nos corpos físico, espiritual e mental.

Curem-se nas águas do amor, curem-se nas águas do espírito acreditando na vida, porque viver vale a pena e vocês estão cercados exatamente por suas necessidades. Vocês estão cercados por seus aprendizados.

Estar bem com as pessoas, estar bem com a vida abrirá em vocês novos caminhos.

Nesta existência passei por muitos sofrimentos, porque me deixei afundar na escuridão que passou a existir em mim e nunca mais vi rio, nem a margem. Tornei-me a cópia fiel do meu pai... Coitado, tão inconsciente, tão triste, tão ambicioso dentro da pobreza que vivia. Sim, porque o pobre pode ser ambicioso quando deseja controlar a própria vida e não sofrer.

Meu pai era assim, uma boa alma, mas confusa, perdida e triste. Dele herdei as características que já estavam em um estado embrionário no meu espírito. Esqueci da criança que fui, e das oportunidades de recriar minhas crenças. Esqueci da alegria que nasceu comigo. Esqueci da ingenuidade que me fazia gostar das coisas simples como olhar o rio e sentir a beleza daquelas margens que eram tão verdes e cheias de vida e plantas. Esqueci o que era realmente verdade e belo nesta vida.

Essa existência foi de profundo aprendizado, em que não tive as letras para me apoiar, não tive os livros para me sustentar, não tive acesso à sabedoria, aos estudos que tanto amo. Era absolutamente simples, mas não me perdi pela falta de estudos ou acesso aos conhecimentos. Fiquei perdido porque me deixei levar pelas impressões do mundo.

Quero dizer a vocês que o caminho da ascensão é de purificação e iluminação da consciência e que da mesma forma que levei várias vidas para alcançar essa sublimação, essa compreensão, vocês também chegarão lá e vencerão as suas limitações com as graças e com as bênçãos dos mentores que os amparam.

Permitam-se guiar pelo barco da sabedoria, do amor e da consciência que abençoa vocês e nunca se esqueçam da beleza das coisas simples.

Progredi, ascensionei dentro das minhas limitações e me tornei Paulo, Mestre da Chama Verde, e aqui estou abençoando vocês e compartilhando a minha história.

Quero dizer que o acerto e o erro caminham juntos. Depois dessa vida como barqueiro, envolvido em tamanha simplicidade, tive oportunidades em outras existências de desenvolver o saber, o conhecimento e novamente fiz curvas na minha evolução, porque fiquei tão encantado com o saber, que achei que ali estaria o meu fim.

Hoje entendi a importância dessa vida como barqueiro porque ela trazia a compreensão de que na alegria na simplicidade e a presença de Deus se manifesta forte.

Resgatem a alegria, resgatem a criança e sejam felizes.

A verdade cura porque liberta e também é manifestação de bom humor, de entusiasmo pela vida, de aceitação e não apenas continuidade da razão e do intelecto.

Atravessem o barco desta vida, olhando as margens, apreciando as paisagens e se encantando com a cor linda deste rio que corre junto a vocês.

Sigam em paz."

Mensagem canalizada em 7 de fevereiro de 2007

A Chama Verde vibra na sintonia dos grandes pensadores e filósofos da Grécia antiga, quando a sabedoria estava expressa na natureza. Nessa época o saber era compartilhado em praças públicas e as pessoas comuns poderiam ter acesso a conhecimentos profundos tratados de forma corriqueira por seus professores e livres-pensadores.

Muitos filósofos, como Sócrates, pagaram suas crenças com a própria vida. No caso desse grande pensador sabemos de sua filosofia pelo seu mais famoso discípulo, Platão, que viveu por volta de 420 a.C. e já naquela época falava da imortalidade da alma e das verdades eternas do espírito.

Mestre Paulo, que foi o grande divulgador da mensagem do Cristo, nasceu em lar abastado de origem grega alguns anos após a crucificação de Jesus. Foi perseguidor dos cristãos até sua famosa experiência no deserto na ida a Damasco quando Jesus se manifestou como uma imensa luz em sua frente causando a cegueira no corpo físico que o levou a mergulhar ainda mais na espiritualidade. Depois de vencer essa etapa de purificação espiritual, Paulo, que se chamava Saulo, se converteu assumindo um nome cristão e levou a mensagem libertadora de Cristo para muitas gerações seguintes. Como era um homem das letras, por sua atuação muito da mensagem libertadora de Jesus se espalhou no mundo antigo.

Na Fraternidade Branca ele representa o saber e a verdade experimentados na simplicidade do dia-a-dia como os antigos filósofos ensinaram.

Quinto Raio – Chama Verde

Mestre Paulo.

Virtudes — Verdade, cura e liberdade.

Atua harmonizando o 2º Chacra. Ajuda as pessoas a assumir suas crenças, sua verdade interior, fortalece a autoestima, ajuda a reconhecer aquilo que vibra de forma instintiva. Age fortemente também no chacra laríngeo ajudando a expressão correta do pensamento. Atua em todos os chacras promovendo a cura de doenças.

Desafio — Ser fiel a si mesmo. Viver a verdade.

༺❀༻

A prática da verdade não é algo muito fácil neste mundo onde cada um quer estar certo e defender sua fatia da felicidade, muitas vezes mentindo para si mesmo tentando acreditar naquilo que a vida oferece.

Nessa sintonia aprendi que amor não tem regras e muitas vezes pode acontecer uma paixão, um sentimento fora de nossos padrões. Muitas vezes queremos colocar regras e limites em nossas ações e no coração e quanto mais desejamos fazê-lo menos felizes somos nesse intento. Claro que temos de respeitar os limites espirituais de nossa liberdade e não fazer aos outros o que não desejamos que nos façam.

Isso é muito importante salientar porque pessoas que já têm alguma noção de vida espiritual sabem muito bem da lei do retorno, que a meu ver nada tem em comum com punição, mas com colheita e aprendizado.

Aprendemos sendo filhos, irmãos, amigos e amantes. E devo dizer que aqueles que são objeto do nosso amor também aprendem conosco. Porque não basta amar; além do cultivo do sentimento o amor tem de dar certo. Precisa acontecer na hora certa, deve ser verbalizado e colocado em prática.

Amor platônico não funciona, amor exagerado e explícito também não. O amor, assim como tudo nesta vida, tem de estar em sintonia. Mas qual é a sintonia do amor se não sabemos qual é a nossa missão na vida?

Sei que muitos desconfiam inclusive que não tem missão nenhuma, que estamos aqui apenas para viver, e tentam encontrar nessa superficialidade da vida material alguma alegria ou realização, porém quando encontram alguém que realmente mexe com o coração tudo se modifica e passam a desejar muito dar certo no encontro amoroso.

Muitas vezes ignorantes das regras do compromisso espiritual queremos que o tempo passe trazendo logo a ficha completa do nosso escolhido ou escolhida, almejamos que os dias se transformem em anos para que já saibamos tudo do outro e não precisemos sofrer com as possíveis decepções que tanto já nos assombraram no passado. Queremos conhecer o outro para não sofrer, em um desejo absurdo de controlar a vida. Ambição essa sempre cercada de desilusão.

Vanessa chegou até a mim porque tinha lido um dos meus livros e queria conhecer um pouco mais sobre os mestres ascensos, e como sabia que eu trabalhava com vidas passadas ela também desejava ver uma questão relacionada à sua vida atual que lhe trazia muita perturbação. Ela era artista plástica tentando alcançar algum sucesso em sua escalada profissional, mas logo me confidenciou que estava bem difícil.

Logo que começamos nosso trabalho apareceu uma vida em que ela sofreu muito quando se perdeu de seus pais numa guerra. Como sobrevivente teve sérias dificuldades para se sustentar. Em seguida apareceu uma vida como cigana, na qual ela abriu mão do amor para continuar casada, pois na sua tribo o casamento era para sempre. Tudo isso veio cheio de detalhes interessantes que não cabe narrar neste texto. Ela se emocionou muito porque sempre se sentiu atraída pela dança e cultura cigana, mas nunca foi atrás de aprender mais sobre isso, pois sentia medo do que iria encontrar. Conversamos sobre seu momento atual, seus desafios como pintora. Falamos de liberdade, de viver profundamente suas crenças. Ela havia dito ter coragem de se assumir como artista. Afirmou inclusive que não tinha confiança em expor suas obras com medo das críticas.

Durante a sessão sentia que queria falar algo mais e até imaginava o que seria, mas deixei passar para ela ganhar coragem de se expor. Já no fim do nosso encontro, quando estava para ir embora, essa moça me perguntou se eu tinha visto alguém mais na vida daquela cigana. Expliquei que não havia ficado clara a existência de outro homem, mas que isso seria bem razoável, tendo em vista o sofrimento das questões abordadas. E aí ela caiu em prantos...

Fiquei vendo as lágrimas caírem e apenas esperei que ela se recompusesse oferecendo lenços de papel. Quando essa moça estava mais calma comecei falando que os mestres ensinam que o nosso maior compromisso nesta vida é para conosco e com a nossa verdade. Expliquei que somos os atores principais em nossas vidas, sendo que tudo à nossa volta é muito importante e deve ser respeitado como o grande cenário.

Enquanto ela me ouvia falar respirava fundo parecendo absorver cada palavra, mas ainda cheia de dor me perguntou:

"O que você acha de estar traindo meu marido?".

Respondi com outra pergunta: "Você o ama?". "Sim porque se não o ama, você está também traindo a si mesma, o que é muito sério..."

Você que está lendo pode imaginar como foi a nossa sequência de reflexões... É claro que fizemos ponderações sobre a importância dos laços familiares, dos filhos, do dinheiro e das condições de vida, como casa, bens materiais que nos cercam no mundo objetivo e que não é fácil fazer uma escolha pautada na verdade interior se o mundo objetivo é tão importante à nossa volta.

Expliquei para aquela moça bonita, no auge dos seus 35 anos, que temos a responsabilidade de cuidar da nossa felicidade, dos nossos sentimentos e da manutenção da vida ao nosso redor. Expliquei que a vida de abandono que apareceu no início de nossa sessão provavelmente estava conectada à sua postura atual cheia de medo de se assumir, pois lá ela não sabia o que fazer e hoje continuava sem orientação interior.

Expliquei que sou totalmente a favor do casamento, do amor cultivado e profundo entre duas pessoas e da fidelidade, mas sou ainda mais a favor do amor pessoal, da verdade interior e do cultivo de nossa força de ação.

Claro que cada um de nós deve procurar saber onde o sapato aperta, porque não há regras absolutas para a vida. Cada caso é um caso e cada um de nós está sujeito a lindas nuances em suas páginas de vida, mas tenho certeza que um dia nós estaremos frente a frente com nossa consciência e aí sim seremos cobrados.

Para quem como eu acredita no Deus interior, o carma antes de nos ligarmos ao outro, aos sucessos e insucessos da vida está unido à nossa ação e a nossas virtudes.

Vanessa queria muito dar certo como artista plástica e aproveitei a ideia para convidá-la a pensar melhor sobre o que estava escolhendo usar como elementos importantes no quadro de sua vida.

Traição começa no pensamento e continua sendo traição mesmo nunca tendo saído de lá. Nos traímos terrivelmente quando não vamos atrás da realização dos sonhos, quando não falamos a verdade para nós mesmos.

Expliquei que era muito importante que, daqui para a frente, ela conseguisse ser fiel a si mesma e que não se deixasse aprisionar por aquilo que os outros pensam. Porque de sofrimento bastava observar o que ela pensava sobre si mesma, pois ficou claro que sofria muito por conta da situação que estava enfrentando.

É claro, leitor, que não estou em posição de dizer que, se você um dia cometeu uma infidelidade, deveria terminar seu casamento. Ou mesmo que deveria se manter infiel se as circunstâncias que o cercam impedem ou dificultam que os laços sejam desatados. Mas a reflexão e a decisão sobre o que fazer, mesmo em um futuro distante, são fundamentais para a sua felicidade.

Os mestres ensinam que devemos nos respeitar e procurar ter uma vida limpa, pura e sem falsidades. Explico para meus clientes e alunos que, se estamos atravessando um momento difícil e confuso em nossas vidas, quando nos perdemos da verdade original, devemos pedir em orações a Deus que possamos viver a verdade.

Nesse movimento é fundamental o mergulho interior para descobrir a nossa verdadeira essência.

Meditação da Chama Verde

Imagine, visualize que está caminhando numa floresta, um lugar muito especial. Siga por uma trilha e veja onde ela leva você, se o local estiver muito escuro, ilumine, deixe mais claro, deixe o Sol entrar. Imagine então que você encontra um riacho e tome um banho em suas águas claras limpando sentimentos e emoções. Imagine então que um ser de luz o aguarda oferecendo roupas novas e limpas. E com essa sensação de limpeza e harmonia você volta a atenção para o seu corpo físico.

Quando Deus nos Pega no Colo

"Nem sempre os caminhos são suaves, mas quando você está em sintonia com o Pai não existem caminhos tortuosos e não há pedras.

Vivi numa época de guerras e nesse tempo cuidava das pessoas à minha volta e muito pouco recebia de cuidados das mãos humanas, porque essa experiência fazia parte do meu aprendizado, do meu autodominio e do meu caminho espiritual, mas não houve no meu coração a revolta ou a busca desesperada de alguém que cuidasse de mim, que me nutrisse, que me amasse, porque estava profundamente ocupada em cuidar, em amparar, em tomar conta e em ajudar.

Naqueles tempos as bombas caíam, as pessoas morriam e não havia um dia em que a palavra segurança pudesse ser nutrida. Não havia por onde nutrir e em que se segurar.

Era ainda uma adolescente, vivendo no meio disso tudo e me recordo que em um desses momentos tristes que a humanidade oferece a si mesma, como se tudo isso não bastasse, um dia fui ferida nos olhos e passei a não enxergar. Naquele momento bateu um desespero, porque o que faria sem enxergar? Quem me ajudaria? Como continuaria os meus dias?

Porque as pessoas reclamam muito da vida, da ausência dos companheiros, da falta do amor, do sexo, da comida, da casa ou da vida que elas projetaram pra si mesmas, mas quando falta tudo...

Observei que, mesmo quando o corpo está em um estado de dor, de doença ou de profundo flagelo, a alma luta pela vida. Estava acontecendo isso comigo; combatia dentro de mim pela vida, mas sem enxergar... Aí corriam lágrimas e pensava:

'Meu Deus, como me desamparaste... O que farei? Não tenho ninguém, não tenho com quem contar e não tenho mais os olhos tão preciosos...'.

Não via nem embaçado, simplesmente não enxergava. Não sabia como sairia daquela situação. Nesse momento mãos quentes seguraram minhas mãos e um homem que não me parecia muito maior do que eu me segurou nas mãos e apenas falou:

'Filha, silêncio!'

Chorava, porque estava muito desesperada. Não era mais uma pessoa que tinha quereres, mas faltar os olhos... Oh, meu Deus... Era como se faltasse o alento, o ar para respirar. Essa pessoa então repetiu:

'Silêncio; silencie sua mente. Por que você quer ter olhos para ver tamanha destruição?'.

Quando ele me disse isso, até achei que fazia sentido, mas respondi:

'Você não sabe como está escuro dentro de mim. Você não sabe o que eu sofro, não sabe que perdi meu pai, minha mãe, meus irmãos, minha casa. Não sabe que eu perdi a minha vida. Não tenho mais nada'.

E ele só disse.

'Compreendo tudo isso, mas se acalme. Pense que você está com os olhos fechados. Pense que você está dormindo e que vai acordar amanhã e enxergará de novo. Só pense isso'.

Apesar da minha pouca idade era muito severa. Disse para ele que nós vivíamos em um tempo tão duro, que queria ser realista, que não queria mentir pra mim mesma, porque me faltava esperança, estava revoltada. Por que acobertar aquilo que estava vivendo?

Por que Deus tinha se ausentado daquele pedaço do planeta? Por que Deus permitia aquele flagelo?

Reclamei muito de Deus para ele.

Por que Deus faz isso? Por que Deus faz aquilo? Por que Deus nos castiga? Por que Deus não acolhe os aflitos quando eles precisam?

O mal do mundo era muito maior em mim, porque eu estava sofrendo, o que me fez má. Estava triste, doente e o padecimento somado à minha doença e à minha dor se tornava infinitamente maior.

Ele então me disse:

'Faça de conta que você dorme. Não queira que seus olhos lhe tragam essa miséria tão intensa. Vou cuidar de você'.

Foi então que ele me segurou com as mãos quentes e pude sentir as veias da mão dele. Percebi que não era um homem forte, não era gordo — longe disso — no meio daquela miséria e daquela guerra, quem seria gordo?

Senti calor e firmeza e fiquei envergonhada porque senti prazer em dar a mão para aquele estranho que não enxergava, que não sabia quem era.

No meio de toda aquela conturbação e tristeza, não perdi a consciência de quem era e do resguardo que uma mulher deve ter. Eu não perdi o cuidado de ser eu mesma.

E ele, como se lendo meus pensamentos, disse:

'Não se preocupe, cuidarei de você como um pai'.

Novas lágrimas, torrentes de lágrimas vieram porque há muito tempo não sabia o que era um pai.

Sabia na minha mente, nos meus desejos e nas minhas fantasias, porque pai pra mim é aquele que ampara, que orienta, que ensina, que ajuda e que suporta... Mas no plano físico não recebia esse cuidado há muito tempo.

Ele me pegou e disse:

'Agora nós precisamos prosseguir por esse caminho'.

Ainda assim me senti muito insegura, pois em um momento de guerra, de sofrimento, o ser humano é capaz de fazer coisas muito maiores do que na sua consciência normal.

Amparada por ele atravessei um terreno cheio de minas, de escombros e pessoas mortas. Em muitos momentos nós seguimos em silêncio. Em outros falávamos da vida. Em outros ele dizia coisas sem sentido. Como quando me perguntou:

'Você já viu um pássaro verde? Já viu como ele canta bonito? Viu como ele voa com sua parceira?

Você já viu aquela árvore tão frondosa, que mesmo no inverno mantém as suas folhas?'.

Fui me lembrando de coisas da infância, que tinham um significado único em minha vida. Era pensar e ele falava sobre aquilo...

'Lembra-se daquela água suave quando você tira do poço e só de brincadeira joga no rosto, numa tarde de calor?'.

Lembrei que era exatamente o que eu fazia quando às vezes a minha mãe me mandava buscar água, mas ninguém sabia disso.

Ele foi falando de momentos especiais para mim.

Foi assim que atravessei um pedaço enorme da cidade destruída. Não sei se à noite, ou se de dia. Não sei que horas, porque não enxergava. Finalmente adormeci e, quando acordei, vi que estava em um pedaço muito pequeno de uma casa que não tinha sido destruída completamente.

Quando abri meus olhos, percebi que enxergava novamente. Eu podia ver... Então procurei por todos os lugares onde meus olhos eram capazes de percorrer a presença daquele homem e não o encontrei.

A vida me levou e fiz tudo aquilo que vocês já sabem. Ajudei as pessoas, cuidei dos que estavam à minha volta até a hora de ir embora deste plano de consciência e, quando cheguei do outro lado, quem me recebeu foi ele: **Mestre Jesus,** meu amigo, meu irmão e meu pai, tudo ao mesmo tempo.

Foi ele quem me ajudou na minha estrada de ascensão, porque os mestres, nossos amados mestres, sempre, em todos os momentos, nos ajudam.

Então ele me disse:

'Minha filha, a visão lhe foi tirada naquele momento, porque era sofrimento demais para você enxergar. Era dor demais para você ver e talvez se visse tanta dor, tanta destruição, não quisesse amar o pai com o compromisso que já havia desenvolvido no seu coração.'

O amor ao pai não é uma coisa fácil, porque a vida distrai, leva você para os amores humanos, para os desejos humanos, para supremacia do ego, para as vaidades, para o orgulho e para as misérias, fazendo-o julgar as misérias como horríveis e elas não são. Elas são um reflexo da ação do próprio homem; um reflexo de cada um de vocês.

Reflexos que vocês podem mudar por meio da oração, da caridade e da doação. Não apenas doação de alimentação e coisas da matéria, porque isso é obrigação de vocês, mas doando amor, gentileza, afeto, palavras doces e verdade.

Naquele momento abracei o mestre que não estava na cruz. Aquele que fez parte da minha caminhada para que me tornasse aquela que hoje vocês conhecem como **Mestra Nada**.

Eu fui muito amada. Aprendi muito com o amor.

Saibam que vocês são muito amados, e que na maioria das vezes se comportam como crianças mimadas querendo que a vida seja um eterno bolo de chocolate ou um sorvete, se esquecendo de que muitas vezes o pai espiritual não lhes dá o que querem simplesmente porque aquilo não lhes faria bem.

Nutrem-se espiritualmente, alinhem-se com o pai e sirvam de exemplo em sua conduta, em seu coração e em seu amor.

Eu abençoo vocês na Chama Rubi, na Chama da Compaixão.

Sigam com amor e em paz."

Mensagem canalizada em 7 de março de 2007

A Chama Rubi Dourado vibra na sintonia das leis espirituais do Cristianismo. Na lei que sugere amar ao outro como a si mesmo e respeitar o Pai como nosso único salvador. Porém, espiritualmente o Pai é uma força que acessamos dentro de nós. Como poder onisciente, onipresente, ele pode se manifestar em tudo sendo o maior desafio reconhecê-lo em nosso próximo, inclusive em familiares e amigos. Talvez por isso a Chama Rubi Dourado seja mesmo a energia mais fortemente ligada à compaixão e ao desprendimento do ego.

Como ensina Sai Baba: *"Você quer ser feliz ou ter razão?"*.

A Chama Rubi nos ensina que o desprendimento das necessidades de correção absoluta, energia ligada ao controle do ego, nos conduz à libertação.

Muitos religiosos se perderam no caminho se fechando em suas verdades, talvez por medo de contestação, ou até por conta de dúvidas inconfessáveis. Para curar esse mal a Chama Rubi nos convida a servir ao próximo e a aliviar a dor daqueles que estão à nossa volta numa visão amorosa da unidade divina em todos nós.

Sexto Raio – Chama Rubi

Mestre Jesus — Mestra Nada.

Virtudes — Sacrifício, expansão do amor, compaixão e aceitação

Atua harmonizando o 1º Chacra básico trazendo a conexão divina para o mundo objetivo. Ele nos ajuda a ter segurança na caminhada na Terra.

Desafio — Vencer o medo e encontrar forças em si mesmo.

Há alguns anos, quando voltei de uma das minhas viagens à Índia, me deparei com um ensinamento de Sai Baba que calou fundo em minha alma. O texto falava de "aceitação"...

Como sou uma pessoa muito determinada e batalhadora, aquela abordagem da vida me pareceu fatalista e incompreensível. Como aceitar a vida sem lutar?

Como aceitar a ação das pessoas sem sofrer?

Como entender aceitação, sem ligar esse propósito espiritual com uma ideia de resignação, derrota ou perda?

Para falar a verdade até então aceitação para mim era sinal de fraqueza, de falta de força de vontade e até de pouco comprometimento com o sucesso da nossa própria caminhada...

Comecei então a me perguntar se essa não seria uma limitação por conta de ter sido criada e educada numa sociedade materialista que visa cada vez mais nos projetarmos e sermos alguém especial, bem-sucedidos e ganhar dinheiro. Enfim, aceitação me parecia algo sem sentido, porque tudo o que fizera na vida tinha exigido muito de mim: esforço, coragem e determinação. Como entender a aceitação como algo profundamente libertador e espiritual?

Nesse período conturbado em que estava profundamente envolvida com essa reflexão sobre "aceitação" passei por uma cirurgia e quase que em seguida perdi uma amiga muito querida. O que me fez pensar ainda mais no tema, porque tive de aceitar ficar doente e tive de aceitar o movimento da vida que me privou dessa amizade. Coisas que não pude evitar ou impedir que acontecessem. As situações que se seguiram foram de profundo aprendizado e me foi mostrado que de nada adiantaria querer impor meus pensamentos e ideias, tinha mesmo que aceitar o fluxo da vida e me colocar de forma positiva tentando entender o que Deus queria me ensinar.

Na ocasião lembrava sempre o que aprendi com os mestres que ensinam que temos de manter nosso astral elevado aconteça o que acontecer e que se formos mais humildes em aceitar que não temos o controle da vida seremos mais felizes.

Hoje percebo que essa questão de ir à luta, de conquistar o mundo é tão forte dentro de nós que muitas vezes não vivemos o momento presente. Sempre ansiosos pelo futuro deixamos de lado o que acontece à nossa volta. Assim nós, mulheres, muitas vezes não aceitamos a função de esposa e donas-de-casa, nossos maridos não aceitam que têm de trabalhar às vezes sem o sucesso que gostariam, nossos filhos não aceitam que nem sempre poderão comprar e fazer tudo o que bem entendem. Enfim, ninguém aceita nada do que tem, sempre pensando à frente, nas futuras conquistas, com isso crescem o *stress*, o descontentamento e a infelicidade. Vivemos descontentes diante de tudo e todos, pensando como gostaríamos que fosse o mundo à nossa volta.

Depois de muita reflexão e experiências sobre a aceitação posso dizer que hoje estou mais mansa e mais feliz. Não tenho tudo o que quero, mas isso deixou de ser tão importante porque aprendi a observar o mundo como algo bom e cheio de coisas interessantes. Aprendi que nem sempre aquilo que parece bom de fato é, e que nem sempre aquilo que parece ruim é de fato ruim. Aceitação também nos ensina a ver além das aparências...

Continuo sendo uma pessoa determinada, acredito no trabalho, em melhorar sempre, em ajudar as pessoas, mas hoje tenho mais paciência com os fatos da vida, pois aprendi a aceitar as lições de Deus.

Nessa mesma época veio para uma consulta em Vidas Passadas uma pessoa linda, muito especial. Ela é médica com um caminho de vida muito interessante porque, em vez de ir trabalhar no exterior como cirurgiã, como foi convidada, ficou no Brasil atendendo em hospitais públicos, pois sentia que essa era sua vocação. Seu maior dilema sendo neurocirurgiã sempre foram os casos sem solução, quando a cura não dependia de sua atuação. Numa vida passada essa moça foi uma artesã que, com seus dons de cura, fez lindas cerâmicas que propiciaram que sua família antes muito pobre progredisse muito, porém ela se sentia mergulhada no vazio, não conseguia no passado, assim como hoje, se sentir realizada, sempre faltava alguma coisa.

Falamos muito de vida espiritual e sobre aceitação inclusive de nossas próprias escolhas. Ela confusa me perguntava:

"Como aceitar que uma criança se torne um vegetal?".

Claro que eu não tinha respostas para tudo, poderia apenas dizer o que aprendi com os mestres de Luz: Que a alma segue perfeita apesar deste mundo de imperfeições e que justamente o nosso desafio é mergulhar em busca deste eu maior e de sua perfeição.

Nesse dia os mentores falaram sobre a harmonia que deve existir dentro de nós e de três importantes corpos que compõem o nosso ser:

• Corpo físico como veículo da manifestação do eu.
• Corpo do ego como força interior que nos permite agir.
• Corpo espiritual que acessamos quando o ego se submete ao divino...

Enfim, nesse dia aprendemos juntas que aceitar a vontade divina é uma provação em que somos testados na fé e na humildade em aceitar a existência de um plano maior onde o que nos parece muito errado tem um fundo de luz e amor. Afinal, quem sabe aceitando o que a vida nos apresenta não fazemos as pazes com o destino e nos tornamos mais felizes?

Meditação no Templo Rubi Dourado

Para aqueles que podem ver, estou abrindo a porta do meu templo. Visualizem esse portal. Ele é inteiramente dourado. Abram a mente para ver uma porta inteiramente dourada. Ouro puro, reluzente;

símbolo do amor no sentido mais profundo e mais rico que a espiritualidade pode oferecer e, adentrando o meu tempo, está a pérola dourada, envolta na luz vermelha, na Chama Vermelha, na Chama Rubi e o dourado reluzente pulsando, como se vocês mergulhassem no centro de amor do planeta e ali entreguem todas as dores do desamor, todos os insucessos no ato de amar e alimentem-se dessa Chama.

Proporciono a cura pelo amor e derramo neste momento as minhas bênçãos e a minha luz.

O Tempo da Ação Divina em sua Vida

"Quando jovens muitos de vocês esqueceram o tempo, porque ele não era importante, porque o tinham inteiro à sua frente para fazer de suas vidas o que bem entendessem. Sempre era tempo. Sempre era possível. Havia uma imensa disponibilidade do Universo, do bem mais precioso que vocês aqui na Terra têm a seu favor: o tempo.

Tempo para aprender, para amar, para agir, para sonhar e nessa sintonia, estando jovens, tudo é possível. Já mais velhos, o tempo passou a ser um competidor, porque agora já não havia tempo para realizar aquilo de que se necessitava.

Vocês passam o tempo todo correndo atrás da vida, das condições financeiras, materiais e afetivas. O tempo inteiro o Homem, não se pertencendo, está correndo atrás de si mesmo para realizar os seus projetos ou simplesmente pagar as contas.

O tempo de competidor: muitas vezes nessa época tão tumultuada da vida adulta, ele — o tempo — se porta como um inimigo, pois não mais o Homem tem o tempo a seu lado. Agora o tempo é uma força que ele tem de vencer, ou um verdadeiro inimigo, porque ele nunca mais o tem a seu favor.

Depois, quando novamente o tempo sobra, o Homem se enxerga como velho e diz a si mesmo que sua época já passou, que as suas histórias já passaram, que as pessoas da sua vida já foram, que o tempo de fazer isso ou aquilo já foi. E nesse momento o tempo se torna uma força que um dia já foi conhecida, renegada, apaixonada, distante e próxima, mas que nunca lhe pertenceu.

Vocês fizeram, transformaram-no em um deus, mas Deus é mais que o tempo.

A ação, a sua ação, não depende do tempo, mas de você. Então, ainda que vocês estejam nos domínios do tempo com horário para acordar, levantar, construir, fazer, e ainda tenha compromisso com o tempo, a ação é sua.

Observem que nas coisas mais simples, mais básicas em que vocês se acreditam presos, comprometidos e impotentes não são reais.

Esse sentimento de aprisionamento não é real. São projeções autocriadas de impotência. Ao contrário do que o Homem pensa, ele não é um prisioneiro da vida. Ele é livre, porque tudo que acontece em relação a você poderá ser mudado por sua forma de pensar. Você sempre pode agir de uma forma diferente.

Você pode se enfezar, se fechar, se guardar diante de um infortúnio, a uma doença, uma perda de condições financeiras, uma ausência de amor, ou pode aprender com aquilo que a vida está lhe trazendo e se transformar, se abrir e construir de outro jeito.

Se o Homem se dominar, ele manifestará Deus em sua vida. Se deixar de reclamar e de perder o precioso aliado chamado "tempo" queixando-se de coisas, esse será um grande homem.

Cada um de vocês pode ser um grande homem, uma grande mulher, assumindo em suas vidas atitudes corretas, positivas, otimistas e favoráveis a si mesmos.

O estado de Buda é um estado trabalhado, alcançado e conquistado. É o estado de ascensão, da iluminação e da autoconsciência e isso não está fora do Homem; se encontra nele, é condição humana, não dos santos.

Vocês criaram também esse afastamento, porque isso não é real. O que é real é o Homem agindo agora e no momento presente.

Sejam Deus em seus destinos. Sejam Deus no seu agora, porque é aqui e agora que vocês podem agir na totalidade, vencendo a cada dia as limitações e as criações de suas mentes.

As religiões criaram técnicas, movimentos para transformação da vibração e da energia. Os mantras servem para abrir o coração e ajudar o Homem a se concentrar em seu poder, glória e luz.

A serviço da humanidade, Eu Sou Saint Germain e trago minha consciência, bênçãos e luz sobre vocês.

Declaro que não esperamos pouco dos nossos discípulos, seguidores e amigos fiéis. Esperamos de vocês aquilo que têm e que podem dar.

Enxergamos o seu Eu Crístico. Nós mestres de Luz somos capazes de olhar pra vocês e ver o seu melhor.

Façam o seu melhor.

Apenas não podemos agir no seu lugar, pois vocês são os donos da ação. Não são donos do tempo, mas são donos da ação.

Reinventem suas ações, trabalhem seu estado Crístico, potencializem a sua luz e, acima de tudo, acreditem em si mesmos, porque se o Homem não acredita em si mesmo, não acreditará em mais nada; nem em Deus, nem naquilo que está fora, nem nas igrejas, nem nas religiões.

Quando o Homem acredita em si mesmo, tudo o mais também será possível.

Creiam em si mesmos e se vejam como centelhas divinas, porque, se assim for, assim será e assim é.

Sigam em paz."

MENSAGEM CANALIZADA EM 2 DE MAIO DE 2007

A Chama Violeta é a chama dos alquimistas do passado que buscavam transformar o metal em ouro. Hoje dentro dos ensinamentos dos mestres da Fraternidade Branca entendemos que o desafio está justamente em transformar os nossos corações em luz amorosa e pura.

Saint Germain tem se manifestado em minha vida desde o começo da caminhada com os mestres, sempre ensinando com palavras trazendo sua vibração, o que faz com que tudo que tenho aprendido intelectualmente tenha um sentido maior.

Lembro-me que a primeira vez que estive em Paris, maravilhada com a beleza da cidade, entrei com meu grupo numa Igreja antiga, olhei as rosáceas desenhadas no chão e agradeci por estar lá sem perceber que era a Igreja de Saint Germain.

Sétimo Raio – Violeta

Mestre Saint Germain — Mestra Portia.

Virtudes — Transmutação da energia, transformação pessoal e libertação.

Atua harmonizando o 6º Chacra da Visão espiritual levando o Homem a uma percepção mais luminosa do mundo a sua volta, transcendência dos ditames da matéria. A Chama Violeta atua em todos os chacras transmutando energias negativas acumuladas.

Desafio — Vencer as limitações do véu de Maya, ver além dos limites da visão física e compreender a mensagem espiritual.

Aprendi com os mestres que temos um enorme poder em mãos, porém devo admitir que foi muito difícil aceitar que de fato podemos mudar nossa história de vida e os caminhos que se apresentam. Não sou uma pessoa fatalista e acho até que Deus me agraciou com um forte otimismo e uma fé muito grande nas pessoas e na vida, mas daí acreditar que tantas coisas dependiam apenas da minha maneira de olhar o destino sempre se mostrou como um grande abismo.

Mas como os mestres são profundamente amorosos, presentes e compreensivos quando entramos na sintonia deles, aprendemos importantes lições em experiências com o mundo à nossa volta. É só observar.

Sei que muita gente que entra em sintonia com a espiritualidade fica imaginando que os mestres falem apenas por meio de mensagens canalizadas, ou de livros escritos por pessoas conectadas a essa luz e que conheçam muito da vida espiritual, mas posso afirmar que esse contato está em tudo ao nosso redor. As mensagens estão na natureza, no aprendizado que temos com as pessoas e nos desafios que enfrentamos diariamente.

Algo assim aconteceu comigo quando em uma segunda-feira, depois de um feriado prolongado, resolvi passar na minha sala de trabalho pela manhã para prepará-la antes da chegada do meu cliente. Há muitos anos costumo fazer isso. Limpo, organizo e preparo o ambiente para que as energias estejam em harmonia, já que o tratamento que ofereço é também vibracional. Nesse dia levei minha filhinha, na época com 3 anos. Ela estava me ajudando a arrumar tudo... Quando olhei para o meu pequeno altar e vi o vaso de violetas totalmente seco com as flores desgalhadas na hora fiquei muito contrariada...

Minha filha, vendo meu descontentamento, olhou para mim e disse:

"Mamãe são apenas flores, você compra outras, não precisa ficar triste...".

Eu que estava aborrecida porque minha empregada não havia regado as flores olhei para a minha filhinha e senti uma onda de paz e de entendimento profundo da situação. Sim, porque estava a um passo de ficar brava com uma situação boba, corriqueira e sem importância, mas que se desse valor poderia me tirar do eixo.

O que desejo passar a você, meu amigo leitor, é esta simplicidade em ver a vida. Porque como aprendi com os mestres, a ascensão é um processo pessoal de iluminação. Nós é que pensamos que a iluminação seja algo para grandes realizações e curas maravilhosas, mas se não conseguimos curar nossas pequenas falhas como poderemos sanar nossas grandes pendências e arestas?

Se não conseguirmos ver que são apenas flores que murcharam em nossas vidas, o que dirá das situações que enfrentamos todos os dias com as pessoas?

Aprendi com os mestres ascensionados que a libertação está em nós, em nossa maneira de olhar a vida e de enfrentar os problemas. Se colocamos energia em uma situação ela se perpetuará, mas se ao contrário deixarmos de dar valor a coisas que nos perturbam e nos tiram do sério, elas perderão a importância e nós nos libertaremos desses problemas.

Neide veio até a mim muito taciturna; professora universitária, divorciada, morava com seus cães desde a morte da mãe. Queria compreender o porquê da sua solidão já que desejava muito se casar novamente.

Na sessão de Vidas Passadas ela chorou o tempo todo quando mergulhou comigo em um mundo que ela depois me disse sempre penetrar em sonhos. Fomos até um castelo feudal onde ela era filha de um homem muito poderoso que oferecia tudo a ela. Tratada como princesa simplesmente não conseguia enxergar as pessoas à sua volta. Para ela eram apenas empregados, serviçais que tinham de atendê-la em todos os seus desejos. Muito mimada, não era capaz de ver o ser humano à sua frente, com seus limites e falhas. Quando terminamos a sessão que abordou outras situações pessoais que não cabe narrar aqui, ela estava aliviada, mas ainda meio confusa quando me perguntou:

"É possível que eu esteja repetindo esse padrão? Veja bem, eu não sou rica como esta moça, mas sinto que sou muito exigente com as pessoas...".

Expliquei para ela que é exatamente assim que funciona o nosso psiquismo. Repetimos padrões de comportamento quando ficamos aprisionados em nossa visão limitada do mundo. Assim os problemas que nos afligem se tornam verdadeiros monstros, já que todos os dias amanhecemos pensando neles.

Sugeri que ela fizesse um ritual de purificação com a Chama Violeta, se perdoando desse comportamento arrogante. Conversamos muito sobre o mal que fazemos a nós mesmos quando não nos abrimos à percepção do outro. Claro que ninguém quer ser arrogante de propósito, até porque compreender o outro e a forma do outro ver a vida não é tarefa fácil.

Ensinei a ela uma meditação muito simples que aproveito a oportunidade de também ensinar a você. Deve ser feita por 21 dias de manhã e à noite:

Meditação de Cura com a Chama Violeta

Imagine que você está no templo de cura da Chama Violeta, e que ao lado dessa fogueira sagrada estão de prontidão dois anjos de Luz. Você então se vê entrando nessa fogueira que limpa e purifica as dores e os sofrimentos assistida por esses seres de Luz. Você imagina a luz entrando no alto da sua cabeça indo até os pés e depois vindo do chão e seguindo até o céu novamente. Totalmente limpa, ouve novamente os anjos lhe chamarem, assim você abre os olhos.

Devo dizer que a meditação é muito importante e costumo ensinar várias técnicas para ajudar as pessoas em seus processos de libertação, mas não deixe de abrir os olhos espirituais para ver onde está colocando o seu olhar...

Tocando Corações

"Fui uma pianista. Nasci em uma família nobre na qual recebi educação refinada. Convivia com pessoas educadas em um meio de riqueza e poder. Meus pais eram muito severos, pessoas que exigiam muito de mim.

Havia excesso de cobrança. Tudo acontecia dentro de regras para não ferir as aparências e isso me incomodava. Sentia que as coisas não fluíam, que as pessoas eram sempre insatisfeitas, o que me trazia tristeza. Como ninguém falava dos sentimentos mais íntimos me sentia uma estranha na sociedade, naquele mundo de muitas formalidades e de aparências.

As pessoas só falavam daquilo que deveria ser dito. Não havia espontaneidade, não existia liberdade. Eram sempre regras, etiquetas, o que é correto falar, o que é correto responder. Então desabafava a minha tristeza estudando piano. Passava horas sentada com minha música e deixando-a me curar.

Não me apresentava para as pessoas, tocava pra mim mesma e desenvolvi além da técnica a habilidade de abstrair meus pensamentos, assim quando as coisas me faziam mal, tocando piano transmutava aqueles sentimentos.

Transmutava a solidão e a falta que me fazia a presença amorosa do meu pai e da minha mãe.

Fisicamente estavam perto, mas não se abriam para mim e não permitiam ser tocados no coração. Sabia que havia amor, que existia laço forte de pai, de filhos, de irmãos e da minha família, mas esses laços não me bastavam, pois sentia que as pessoas se cansavam umas das outras e não tinham paciência de se ouvir. Assim deixavam de serem irmãos, de serem pai, mãe de exercerem seus papéis na família. Aquilo me deixava com a cabeça muito confusa porque imaginava que deveria existir sempre amor entre as pessoas e não era isso que sentia à minha volta. Então desfazia essa confusão tocando. Exercitava minhas mãos e sentia que aquela energia da música, das notas musicais, entrava em mim e me curava.

Com o tempo fui percebendo que quando fazia música também transformava a energia, a vibração e os sentimentos das pessoas que estavam à minha volta. Via que quando tocava muito bem elas saíam mais leves, mais felizes e o semblante mudava.

Quando percebi essa habilidade, esse dom, me dediquei com muita vontade a estudar cada vez mais porque queria ver o mundo mais leve, as pessoas mais alegres, otimistas e vi que a vibração pela música podia ser alterada e os sentimentos, elevados.

Quando aconteceu a minha morte de tuberculose que na época não podia ser curada fui embora do mundo material ainda com música nos ouvidos, porque aprendi a me conectar com a música sagrada, os sons divinos. Sabia que havia música em tudo: no vento, no sol da natureza e até no jeito de as pessoas falarem. Sabia que a música tocava o coração de todos.

Quando reencarnei, a experiência foi diferente. Vim para uma experiência, dessa vez, em um ambiente onde não havia riqueza. As pessoas eram muito pobres e envolvidas com o trabalho. Não tinham tempo, energia e habilidades sociais como aquelas da vida anterior.

Senti falta da delicadeza, das belezas que vivi quando era nobre, mas gostei da simplicidade. Senti que o abraço era mais caloroso, que o beijo era mais forte e que o cheiro das pessoas era mais real. Não havia tantos perfumes nem tantas roupas bonitas pra disfarçar a identidade de cada um. A beleza era mais rude, porém mais autêntica.

Naquele novo ambiente comecei a procurar a música e não encontrei instrumento algum porque o local em que nasci era pobre. As pessoas não sabiam fazer música. Então em um impulso da memória comecei a cantarolar músicas que vinham na minha lembrança.

Comecei a observar que, quando cantava, as pessoas que estavam ao meu lado ficavam mais felizes e as crianças começavam a me perseguir e foi uma grande bênção, porque fiquei feliz de cantar para elas.

Comecei a criar músicas e história para alegrar as crianças e ensiná-las a cantar. O meu piano se transformou na face daqueles pequenos ao meu lado. Comecei a tocar seus rostos e a segurar em suas mãos. Comecei ver que essa delicadeza, essa suavidade que tomava conta de mim também tomava conta delas.

Foi nesse momento que resolvi me dedicar em cuidar das crianças, porque percebi que elas eram a música. Vi que se fossem amadas, bem cuidadas, essas personalidades se moldariam de forma melhor, sendo pessoas melhores do que as que cresceram sem amor.

Dediquei completamente minha existência às crianças. Como não tinha o que dar a elas, porque também era pobre, oferecia apenas amor e meus cantos.

Na vida anterior vivia numa Paris cheia de luz, de imagens e de histórias, e por conta da experiência, que minha alma precisava passar, na vida seguinte nasci nos arrabaldes de uma cidade chinesa em um lugar pobre, onde não havia nem comida direito, porque entendi que a beleza e a evolução espiritual não dependem de nada disso.

Elas dependem do Homem, do amor, do coração, da paz interna e da transformação que se faz de dentro para fora.

Vi que tocando, cantando, olhando nos olhos, amando e aceitando, os corações são despertos. Foi ali que aprendi a minha grande lição de que nós podemos mudar tudo.

Eu Sou Mestra Portia e trabalho com o amado Mestre Saint Germain na transformação da humanidade em uma transformação amorosa.

Existem muitos outros mestres, seres de Luz trabalhando na egrégora do planeta, porque é um momento de profunda transformação. A Fraternidade Branca acredita no amor, no despertar do Eu Crístico, na pureza interior e é através dessa vibração que me manifesto.

Trabalho na transformação e afirmo que toda vibração pode ser mudada. Não acalentem pensamentos tristes, não façam para si mesmos uma sinfonia de dor, de rancores e de mágoas das pessoas que não reconheceram suas habilidades, seu afeto e o seu amor.

Trabalhem a libertação.

Façam na vida uma sinfonia de música alegre, de uma música que possa fazer bem a vocês mesmos e ao mundo ao redor.

A transformação da Chama Violeta não é apenas um processo imaginário em ver o Fogo Violeta queimando. A transformação da Chama Violeta é abrir, expandir a consciência e permitir que esse espaço de amor que existe no seu coração se expanda e ganhe cada vez mais força e poder na sua vida.

Você é o Fogo Violeta.
Eu Sou o Fogo Violeta.
Eu Sou o Fogo Violeta que expande, que transforma e que cura.
Façam disso um mantra e imaginem, permitam que a Chama Violeta invada o coração de vocês.
Eu Sou o Fogo Violeta que transforma e cura;
Eu Sou o Fogo Violeta que transforma e cura;
Eu Sou o Fogo Violeta que transforma e cura;
Todas as dores em minha vida.
Eu Sou o Fogo Violeta que transforma e cura;
Eu Sou o Fogo Violeta que transforma e cura;
Eu Sou o Fogo Violeta que transforma e cura;
Eu Sou o Fogo Violeta que transforma e cura;
Eu Sou o Fogo Violeta que transforma e cura;
Eu Sou o Fogo Violeta que transforma e cura;
Eu Sou o Fogo Violeta que transforma e cura.

Procurem sentir e vibrar esse poder todos os dias.

Se algum de vocês está em uma sintonia, em um problema difícil, em uma situação que não se transforma, acendam uma vela de sete dias violeta e ancorem a vibração da Chama Violeta.

Lembrem-se da minha história. Não fiz grandes milagres, não salvei todos aqueles que sonhei salvar, mas aprendi a me transformar.

Esse Fogo Violeta que transforma e cura pode transformar e curar a vida de cada um de vocês.

Lembre-se que depende de você se abrir, se entregar e se amar.
Recebam minhas bênçãos, amor e luz.
Eu Sou Portia e abençoo vocês. Paz."

Mensagem canalizada em 14 de março de 2007

⁖

O Sétimo Raio — Chama Violeta traz a energia da transformação, da transmutação e da liberdade. Venho trabalhando nessa sintonia há anos desde que o mestre Saint Germain se manifestou pedindo que eu me abrisse como um canal da Fraternidade Branca.

Foi muito interessante porque na ocasião ele disse que eu deveria ter coragem para assumir meu compromisso espiritual, coisa que até então não tinha ousado fazer completamente com receio de errar. Estava presa ao desejo de ser muito correta e isso bloqueava o sucesso dessa empreitada. Hoje vejo muitas pessoas que se prendem sem coragem de errar e entendo que isso prejudica demais a evolução e a libertação.

Para entrar realmente na sintonia da libertação da Chama Violeta é preciso coragem de errar e de acertar e inclusive de seguir o caminho novo que se apresentar.

Mestra Portia, conhecida como a divina consorte de mestre Saint Germain, atua na Chama Violeta e se manifesta espiritualmente como uma jovem de olhar profundo. Sua vibração é suave e cheia de entusiasmo pela vida.

Nas mensagens que recebi dela há uma compreensão muito profunda das barreiras humanas em relação à atividade espiritual. Parece que ela entende perfeitamente bem nossos desafios em aceitar as lições espirituais.

Sua presença traz jovialidade, beleza, boa fortuna e esperança.

Aqui cabe fazer um pequeno parêntese para abordar uma ideia bastante interessante também associada à Fraternidade Branca, que é a questão do complemento divino. Diz-se que a energia se manifesta neste nosso mundo dual onde existem o claro e o escuro, a luz e a sombra, a parte e a contraparte, o homem e a mulher como forças complementares da natureza. O Shiva Shakit do Hinduísmo ou o *yin* e o *yang* na filosofia oriental. Assim mestra Portia é a parceira de Saint Germain nesse trabalho de despertar por meio da Chama Violeta a transmutação da energia.

Sétimo Raio – Violeta

Mestre Saint Germain — Mestra Portia.

Virtudes — Transmutação da energia, transformação pessoal e libertação.

Atua harmonizando o 6º Chacra da Visão espiritual levando o Homem a uma percepção mais luminosa do mundo à sua volta, transcendência dos ditames da matéria. A chama violeta atua em todos os chacras transmutando energias negativas acumuladas.

Desafio — Vencer as limitações do véu de Maya, ver além dos limites da visão física e compreender a mensagem espiritual.

Acho que o amor é o nosso maior desejo, maior sonho e também o maior desafio, justamente pelo valor que damos a esse sentimento que inclui aceitação, felicidade, realização e prazer.

Se pensarmos bem, na verdade, amar não é um desafio e acontece até com muita facilidade, difícil é o retorno do amor, é receber do outro aquilo que sonhamos, é nos sentirmos aceitos e embalados no colo de quem escolhemos.

Os mestres de Luz ensinam que o amor liberta, sendo esta a ação da Chama Violeta em nossas vidas. Ensinam também que temos de perdoar aqueles que nos decepcionaram e que devemos sim amar sob todas as coisas, sob todos os desafios. Porém isso não é nada fácil, quando somos dependentes da opinião e dos sentimentos do próximo e colocamos no amor todos os nossos sonhos e expectativas de que tudo dê certo. Acho que você vai concordar que superar todos os possíveis desencontros não é nada fácil.

Aprendi há muitos anos com esses seres de Luz que existe uma grande lei universal, que é a lei da atração dos semelhantes e que essa é uma das maiores forças que regem o cosmos. O que significa que atrairemos alguém que esteja na nossa sintonia. Assim, se estamos tristes ou depressivos, naturalmente atrairemos alguém que esteja enfrentando esse mesmo desafio. Consequentemente daí nascem os desencontros, já que sofrimento atrairá mais padecimento...

Vejo que por mais que desejemos amar e que nosso coração esteja com as portas abertas esperando alguém, quando esse se aproxima sentimos um arrepio na espinha carregado de desejo e de medo.

Por que temer se o amor liberta? Perguntam os mestres.

Posso só imaginar que se tememos ainda não amamos totalmente. Nos sentimos atraídos pelas semelhanças e por nossos compromissos cármicos. E se acreditamos em Vidas Passadas, vamos perceber que algo dentro de nós reconheceu essa alma que já viveu conosco.

Jane chegou até mim chorosa por conta do fim de um relacionamento. Na verdade um casamento de dez anos que estava sendo empurrado pelos dois quando ela se sentiu atraída por outra pessoa. Sua tristeza foi pensar em terminar tudo e fazer o seu parceiro sofrer. Ela queria a oportunidade de viver o novo, já que sua relação estava morna, porém tinha medo de se entregar a esse novo encontro.

Expliquei que as pessoas chegam até nós porque encontram uma brecha naquilo que existe, se não, notamos quem está por perto, e podemos até achar interessante a energia da pessoa, mas não nos envolvemos. Expliquei também que temos muitos encontros e desencontros nesta vida, alguns vêm para permanecer um tempo longo, enquanto outros apenas para trazer uma aragem fresca e nos mostrar que ainda estamos "vivos".

Quando começamos a sessão de Vidas Passadas Jane falou que não iria conseguir relaxar porque estava tensa demais com a situação e muito preocupada com o que diria ao seu marido. Ela na verdade estava sem saber ao certo o que fazer, já que ainda gostava do marido, mas como me disse: *"O outro mexeu muito comigo"*...

Expliquei para ela que um trabalho como o que iria acontecer não definiria o seu caminho de vida, porque as escolhas de como e o que fazer são da pessoa e não dos mentores espirituais que conduzem uma sessão de Vidas Passadas. O que faríamos iria sim apontar uma direção, mas o trajeto de vida e como caminhar dependeriam dela.

Logo apareceu uma vida em que ela foi uma nobre muito linda com longos cabelos ruivos e olhos muito azuis. Era então casada com um homem mais velho que a cercava de todos os mimos. O senhor era muito apaixonado por essa jovem e que justamente por isso era inconsequente como somente a juventude justifica. Ela, encantada com as oportunidades de *glamour* e sonho que sua beleza e riqueza proporcionavam, não sabia muito bem o que significavam os mimos que recebera toda a sua vida, e quando conheceu um rapaz se deixou levar pela paixão, traiu seu então marido que desesperado a trancou numa ala do palacete e tornou-se irascível. Ela também foi tomada pela raiva e se esqueceu de tudo o que tinha recebido e vivido com aquele homem que até bem pouco tempo atrás satisfazia todos os seus desejos.

Quando terminamos a sessão Jane me perguntou:

"Mas quem eu amei de verdade?".

Respondi que talvez os dois, mas podia ser que não amara nenhum.

Conversamos muito sobre o significado do amor. Falei para ela que a paixão é uma vibração maravilhosa porque penetra por nossos chacras inferiores e nos conecta com a Terra. Na verdade, quando nos apaixonamos o impulso que recebemos fomenta o desejo sexual que incrementa nosso amor-próprio, nos sentimos mais belos, mais vivos. Isso não vem exatamente do outro, mas de nós mesmos que ficamos entusiasmados com a vida.

Claro que quando acontece o encontro sexual no auge da paixão, mesmo existindo um certo descompasso por não conhecermos mais profundamente a outra pessoa, é sempre maravilhoso. Essa maravilha vem do despertar energético da energia vital que podia estar adormecida em nós, a kundalini, que os hindus aprenderam há séculos como ativar pela meditação. Energia que nós, ocidentais, saboremos gotas apenas quando estamos no frenesi da paixão...

Isso explica inclusive por que algumas pessoas não conseguem sequer sustentar um amor após algum tempo de convivência. Isso ocorre porque depois desse estímulo inicial a energia se assenta novamente e tudo volta à normalidade e a paixão termina podendo dar ou não um espaço para nascer o amor.

Trocando olhares de entendimento, na tentativa de alinhar as expectativas da minha cliente, falamos muito sobre amor e paixão. Ela saiu da sessão mais animada, porém continuar casada ou dar espaço para essa outra pessoa ainda estava indefinido dentro dela.

Concordamos que ela estava reencontrando antigos amores e que essas pessoas tinham um significado especial em sua vida, porém o cenário agora mudou e ela me confidenciou que queria muito ser protegida e mimada, como em vidas passadas, mas hoje tinha de trabalhar para pagar as contas. Expliquei que isso era muito importante por ser o seu caminho de libertação e independência, e que esse ponto que sempre foi motivo de divergência entre ela e o marido era na verdade uma chave libertadora.

Aquela menina mimada que não conhecia a vida hoje estava sendo convidada a conhecer sua força. Sugeri que ela deixasse a onda energética passar para ver o que sobraria em seu coração para depois seguir seu rumo, pois paixão é paixão e amor é amor...

É preciso deixar a paixão passar e dar um espaço para o amor.

Meditação do Fogo Sagrado em Espiral

Visualize a Chama Violeta, o Sagrado Fogo da transformação sob sua cabeça e peça que sejam transmutados todos os pensamentos limitantes e obsessivos. Respire e permita que a transformação aconteça.

Visualize, imagine a dissolução de todos os pensamentos restritivos, punitivos e negativos.

Imagine uma energia em espiral descendo das camadas superiores e agindo em todos os níveis de vibração, desde o corpo sutil até o corpo físico. Visualize esse espiral descendo e carregando com ele, puxando para cima toda dor e sofrimento, girando muito rapidamente todo o seu corpo, tirando todas as energias pesadas.

Deixe a tela mental aberta e permita essa limpeza.

Dores e doenças serão aliviadas e curadas.

Xamãs Dançarinos do Caos

"Os curadores se manifestam onde existe dor. O ambiente propício à cura é o da doença. O local favorável à transformação é onde o caos domina.

Nós, Xamãs, somos os dançarinos do caos. Nos manifestamos e gostamos da escuridão da noite, das fogueiras acesas, porque é ali, entre a penumbra do céu e a cor forte do fogo, que fazemos a dança caótica transformando o ambiente à nossa volta.

Vou contar um pouco da minha história para que vejam como as entidades, os guias espirituais, um dia foram e continuam sendo homens. Quero dizer com isso que da mesma forma que ascensionei, você também poderá fazê-lo, já que o processo da ascensão é algo possível e natural. Saiba também que todos os espíritos que ascenderam continuam em processo de aprendizado e evolução da consciência.

Hoje sabemos que dominamos uma parte do nosso mundo interior e que outras porções continuam como universos intangíveis.

Fui um cientista atlante que trabalhava na cura. Nos últimos dias da Atlântida, a ciência estava distorcida, mas ainda muitos acreditavam que o homem venceria a si mesmo.

Sempre buscamos a ascensão. Todos os povos e crenças desde que este mundo existe procuram a ascensão. Talvez não com essa palavra, mas como um desejo de soberania, autodomínio e libertação.

No entanto, naquela época, o que os egos incultos encontraram foi a soberania dos poderes mentais e intelectuais, e dessa forma sucumbiu Atlântida em um verdadeiro caos de vaidades, em que os cientistas tinham tanto poder e domínio sobre as forças naturais que se acharam deuses.

Eles transformavam dias quentes em frios, usavam as águas do mar para gerar energia elétrica e milhares de outras poderosas forças. Mas ainda assim o homem vivia como um príncipe sobre a Terra, mas como um mendigo no espírito.

Essa civilização não tinha a menor consciência de que ascensão não significa não ter dificuldades na matéria, porque as dificuldades fazem o homem evoluir, crescer e se transformar. Ascensão significa libertação amorosa e compreensão da divindade interna.

Os cientistas atlantes se preocuparam apenas em criar facilidades no mundo objetivo. Naquela época o Homem praticamente não tinha nem que pisar no chão para ganhar sustento, o seu alimento. Tudo era controlado por um exercício mental superior. O Homem transcendeu muitas coisas, mas deixou terríveis buracos na sua aura, porque nunca a humanidade foi tão egoísta quanto neste continente.

O egoísmo destruiu tudo e é com muita tristeza que hoje vejo espiritualmente tantas pessoas se ressentindo daquilo que não têm, querendo apenas dinheiro, posição, prestígio e fama.

Hoje escolho servir às almas, ensinar e ajudar os homens.

Nesse desejo de sobreviver e tentar salvar aqueles que viviam no continente, vários grupos de cientistas fugiram de lá. Alguns foram para as Américas. Outros para a África e parte do Mediterrâneo e Europa. Ali nesses ambientes inabitados, onde existiam apenas algumas pequenas tribos atrasadas, pousamos nossas naves.

Enfrentamos terríveis desafios na mata e na selva. Não sabíamos como viver naquele mundo. Muitos morreram de doenças estranhas, porque não sabiam viver na natureza.

Tudo isso foi bem sofrido e praticamente toda a tecnologia em poucas gerações se perdeu.

Lembrávamos apenas das estrelas e sabíamos controlar o calendário por meio delas, mas muito das nossas conquistas em pouquíssimo tempo foi absorvido pela selva no espesso tapete verde do novo mundo.

Começamos então o processo de reencarnação nessa nova fase da Terra. Aprendemos a observar os ciclos da natureza, o tempo quando passamos a respeitar as coisas simples que há muito não fazíamos, como agradecer quando chovia.

O plano etéreo e as leis de Causa e Efeito nos purificavam. Nós já vibrávamos no verde em processo de cura. Já estávamos em processo de ambientação com a natureza, de pacificação com a vida, porque é claro que nos encontrávamos preenchidos de arrogância em nossos corpos sutis. Cheios de empáfia e soberba. Estávamos com os egos exaltados, achando que éramos senhores da vida e da morte, quando na verdade dominávamos apenas o caos, de uma Terra morta que foi absorvida pelas águas do oceano que hoje leva o seu nome.

Ali renascendo na consciência, reencarnando, fomos cada vez mais nos humanizando. Fazendo as pazes com o planeta que nos absorveu e nos cuspiu em terríveis vulcões que destruíram Atlântida.

Vivi nessa época como índio, como Xamã, e comecei a receber a paz dentro de mim. E foi a paz que aliviou a minha consciência, que me acalmou, aquietou, abraçou minha alma sofrida e me transformou.

Foi a paz daquele Verde em tons de Água-Marinha que me ajudou a encontrar a cura e me aproximar de Deus.

Hoje posso dizer que me autodenomino Pena Verde. Uso esse nome para que as pessoas me vejam como índio, humildemente consagrando minha energia à Terra e à cura. Não apenas à cura física das ervas que sei manipular, mas à cura dessa energia que transforma e limpa a vibração das pessoas com a natureza.

Sugiro que nunca deixem de ver o mundo à sua volta e receber aquilo que lhes é oferecido graciosamente com reverência e amor. Por isso falo de preservação da natureza.

Preservem o verde, amem o verde.

Se cada um de vocês ao longo da vida plantar uma árvore, vibrar por ela, orar por ela e devolver à Terra aquilo que lhe pertence, que é a pureza do ar e é a beleza do verde, estarão contribuindo para um mundo melhor.

Meus amados filhos, trabalho como Xamã e atuo nos centros, nos lugares onde chamam o nome da minha falange com liberdade porque não pertenço a nenhum lugar. Pertenço a esse amor que cura. Pertenço ao Pai que nos cuida e à energia maior que nos coloca em aprendizado constante e na oportunidade de servir.

A energia da Chama Verde Água-Marinha nos mostra que ainda temos muito o que aprender sobre a cura do ego e do valor espiritual da humildade.

Todos somos um.

Egos exaltados não compreendem os caminhos da vida, mas corações exaltados no poder do amor podem dialogar entre si, sem pronunciar sequer uma palavra; apenas pelo vibrar você pode dizer:

Eu te amo!

E o outro pode responder:

Eu também!

A serviço da Chama Verde Água-Marinha vibro sobre você a minha cura e amor.

Os Xamãs, os caboclos, os índios, os senhores da terra, da lua, do ar, das ervas, das águas, dos raios, das montanhas e dos ventos vibram e trabalham em sintonia com os raios de luz na energia do Pai.

Agradeço e abençoo vocês e chamo o espírito Xamã que habita seus corações para vivenciar sua força.

Ajudem as pessoas, sirvam-nas, porque o serviço ao outro dignifica a sua alma e o faz consciente de que você é filho de Deus.

Todos Somos Um na plenitude do amor do Pai.

Salve vocês, salve essa casa e salve o trabalho de cura.

Fiquem em paz."

MENSAGEM CANALIZADA EM 28 DE MARÇO DE 2007

O oitavo raio atua no plano sutil, mas está intimamente relacionado à existência material, com as vibrações emitidas por tudo aquilo que nos alimenta. Não apenas a comida, mas a bebida, os filmes a que assistimos, as conversas que participamos, enfim, por tudo o que está à nossa volta e que gera uma vibração. É um raio relacionado à cura vibracional, porque mudando a nossa atuação no ambiente, tudo modifica.

A mente expandida dos médiuns e sensitivos costumam ver a aura e podem comprovar a vibração dessa energia.

Você já deve ter ouvido algum comentário ou até mesmo sentido a vibração pesada de alguém muito negativo ou a egrégora pesada de algum lugar que visitou. Para isso estava acessando seu corpo sutil, sua percepção extrassensorial. E é exatamente por meio dessa percepção que você sentirá a energia do 8º Raio Chama Verde Azulada.

Esse raio tem forte ligação com a chama verde da cura, mas é energia ainda mais sutil. Algumas pessoas invocam o poder dessa chama para a solução de causas impossíveis porque acreditam que atingindo o astral podem limpar e curar a energia lá antes até de ela descer ao plano material, o que de fato pode acontecer. Quando acessamos uma consciência profunda da vida e de nós mesmos começamos a curar nossas feridas astrais. Vamos dizer que primeiro cura-se o espírito para depois atuar na matéria.

E nessa vibração atuam os banhos de ervas e as curas sutis também conhecidas como mediúnicas.

Oitavo Raio – Verde Água-marinha

Virtudes — Atua no plano etéreo fazendo a purificação da aura, devolvendo a saúde e libertando a mente da crença em imperfeições.

Cor original — Verde água-marinha, emanação do corpo etéreo.

Desafio para entrar em sintonia com a vibração deste raio: Purificar o campo áurico, expandir a vibração e sair da sintonia da raiva, do desejo de justiça, limpar a vibração praticando o verdadeiro perdão às pessoas que de alguma forma nos feriram, procurar a libertação do perfeccionismo. Também é importante cuidar da alimentação, evitando o consumo de carne, doces em excesso e tudo o que é tóxico. O corpo físico pode vibrar em harmonia ou de maneira muito pesada em função daquilo que nele colocamos.

Em sintonia com o Oitavo Raio da Vibração do Plano etéreo aprendi que na nossa família encontramos os maiores amores e os mais difíceis compromissos cármicos que no plano etéreo se manifestam como laços, cordas e toda a sorte de amarras e arames nos conectando aos que estão à nossa volta de forma sofrida e triste, o que torna a vida íntima um grande desafio.

Infelizmente algumas relações são tão sofridas e amarradas que as pessoas não conseguem se comunicar e estabelecer um diálogo sadio. Tudo em uma relação assim é mal entendido: palavras, atitudes, etc. Nesse caso precisamos limpar as causas originais e também o desdobramento delas que são as nossas atitudes.

Quando recebo pessoas para uma consulta individual em Vidas Passadas sempre explico que na convivência em sociedade não comentamos certos fatos nem expomos nossos sofrimentos porque isso não seria saudável. No convívio social temos sim que nos portar de forma equilibrada e tranquila e não devemos sobrecarregar as pessoas à nossa volta com tristezas e decepções. Precisamos preservar o ambiente.

Devemos estar conscientes que também criamos a egrégora espiritual que reveste o planeta, e que de fato devemos nos comprometer em elevar essa vibração com atitudes, pensamentos e sentimentos positivos.

Porém, onde desabafar? Onde mostrar o nosso desagrado? Com quem partilhar nossas tristezas sem correr o risco de a pessoa usar contra nós nossa própria fragilidade?

Acho que em primeiro lugar devemos tentar limpar o coração de dores e mágoas, porque nem sempre adianta reclamar da vida. Para isso a meditação e a oração são fundamentais. É claro que também podemos contar com a ajuda de algumas pessoas especiais que cruzam nosso caminho para aconselhar e orientar.

Nos ambientes terapêuticos preparados para nos receber podemos falar de nós, dos nossos desafetos e sofrimentos, mas não devemos esperar que essas pessoas façam a nossa caminhada e resolvam por nós nossas histórias. Aprendi com os mestres ascensionados que precisamos percorrer nosso próprio caminho de aprendizado e cura, e que toda luz que precisamos está dentro de nós, afinal, fomos nós que "escolhemos" a família ou a ausência dela em nossas vidas.

Devemos lembrar que trazemos ainda que de forma inconsciente as ferramentas necessárias para aprender como melhor nos portar diante das adversidades que experimentamos no convívio.

Meu querido leitor, pode ter certeza que muita gente sofre sozinho como você já padeceu por não saber como agir e mudar uma situação.

Em Vidas Passadas aprendemos que nossos encontros familiares são cármicos e que já trocamos de papel com as pessoas que estão à nossa volta com o único objetivo de desenvolver os laços do amor, respeito à integridade alheia e às escolhas dos outros.

Mas não podemos forçar familiares a entender a vida como nós, e muitas vezes o remédio para o conflito é o afastamento. Ficar longe ajuda muito no processo de cura das relações e limpeza da egrégora do grupo familiar que muitas vezes fica poluído pelo desamor. Assim não se force a conviver com as pessoas e não se cobre a amá-las porque são do mesmo sangue ou filhos da mesma Luz...

Você precisa de respeito, assim como deve também acatar as diferenças de quem está próximo, mas meu amigo alivie o seu coração. Posso afirmar que muita gente enfrenta a dor desse descompasso amoroso, porque mesmo querendo amar quem está próximo não consegue aceitar as diferenças e com isso acaba tentando modificar as pessoas e sofrendo absurdamente porque não consegue sucesso nesse intento.

Anne veio fazer um trabalho comigo e chegou taciturna. Quando fechei a porta e pedi que relaxasse seus olhos se umedeceram e ela apenas me disse:

"Preciso entender o porquê"...

Não fiz mais perguntas e fomos ao mergulho das vidas passadas, em que apareceram na primeira cena ela e outra moça se banhando numa fonte; tranquilas, não viram que estavam sendo observadas. Seguiram-se então várias cenas de coleguismo e amizade em um lugar que parecia escola ou um templo. O local parecia com a Grécia. Em seguida sua alma explica que ela e a moça em questão eram amigas e que fizeram um pacto de se encontrarem sempre, nunca perdendo o laço da amizade.

Passamos então para outra época em uma fazenda, novamente elas estão juntas como irmãs. Brigit é o nome dela, que se vê envolvida com um rapaz em uma linda história de amor que termina com sua morte quando ela é levada à fogueira e queimada como bruxa. Com muita tristeza agora está no mundo espiritual vendo a irmã consolar o amado que não quer esquecê-la. Passa-se o tempo e ela vê a irmã casada com o seu antigo amor e se sente traída. Seu coração se revolta e ela jura vingança...

Deitada em relaxamento, minha cliente chorava grossas lágrimas, pois entendeu que a irmã hoje é sua filha com quem sempre se confronta. Um relacionamento difícil desde o começo, porque ela nunca se sentiu mãe da menina e as duas sempre se enfrentaram. Ressentimentos e mágoas antigas vinham à tona sem que elas soubessem exatamente o porquê. Expliquei que era preciso perdoar, limpar e deixar a vida fluir. Expliquei também que precisamos tirar o *stress* das situações, porque nem sempre as coisas acontecem no nosso tempo.

Sugeri que ela exercitasse sua força de vontade para não entrar em uma briga. E deixei claro que esse trabalho não seria apenas de origem espiritual, mas um empenho de sua vontade pessoal.

Os mestres ensinam a libertação, o amor sem apego, a aceitação da natureza do que existe à nossa volta, porque não mudamos o que existe fora sem transformar primeiro o que existe dentro de nós. O Oitavo Raio Verde Água-marinha atua justamente neste plano vibracional.

Precisamos libertar o Deus que existe em nós chamado pelos mestres de Divina Presença, ou o sagrado "Eu sou".

Nossa família está conosco a princípio porque vibramos de forma semelhante. Nascemos em uma mesma casa para nos ajudar a lapidar o caráter, para nos fortalecer em nossas escolhas. Podemos com eles aprender o que fazer, e como agir, ou simplesmente o que não fazer...

Meu querido amigo, saiba que como ensinam os mestres você tem sempre escolhas. Mergulhando profundamente no seu coração e se purificando pode mudar sua vida.

Se por acaso escolher ficar reclamando do cenário à sua volta não vai adiantar nenhum passo no seu caminho evolutivo, porém trabalhar de forma amorosa, persistente e tranquila para mudá-lo trará a sua libertação.

Lembre-se de que você pode ser feliz sendo quem é, pois entrar em sintonia com essa luz interna é o seu maior compromisso.

A Presença de Yemanjá

Há muitos anos no meu processo de iniciação espiritual descobri que era filha de Yemanjá, a mãe das águas, divina entidade feminina, amorosa, generosa, carismática e pura. No Brasil não há quem não saiba de Yemanjá. Em um país como o nosso, banhado por lindas praias de norte a sul, todos vibram com a mãe das águas.

Aprendi que Yemanjá está na sintonia de Nossa Senhora, com toda sua luz e seu colo acolhedor e desde então, de tempos em tempos, ofereço cantos, mantras e orações a ela em meus grupos. Sabendo disso pessoas amigas me presenteiam com CDs com músicas para ela, o que muito me agrada.

Foi em um grupo de meditação que entrei na sintonia da vibração do 8º Raio Divino Verde Água-marinha. Yemanja me levou às profundezas do seu mar de amor.

Meditação da Chama Verde Água-marinha

Imagine que você está no mar, uma praia linda, você entra sem medo, apenas sentindo o poder das ondas que o carregam com carinho, com amor, limpando e purificando sua aura, seu corpo, sua mente e seu espírito. Você não tenta pensar em nada, apenas se entrega ao doce balanço das ondas do mar. Solte-se, relaxe, entregue...

Quando se sentir limpo, purificado e revigorado, você abre os olhos.

Nas Nascentes dos Rios Fiz Minha Morada

"No alto das montanhas fiz meus braços descerem à Terra e minhas mãos se tornarem asas.

Voei nos ventos do entardecer chamando o Homem para seu despertar espiritual, e em cada manhã quando a noite cede lugar ao sol renasço das brumas da madrugada oferecendo a esperança de um novo dia.

Na energia de cada mulher sou a mãe, a irmã e a companheira.

Meus filhos, minhas filhas, vivam Maria. A energia da Mãe Divina a qual represento está no corpo, nas células e na vibração de cada um de vocês.

Cada pensamento alterado pela vibração do amor é um pensamento de Maria vibrando e equilibrando a Terra.

Cada sentimento alterado pela vibração do amor age aliviando o sofrimento.

Vocês todos são parte do meu ser.

Maria não é uma entidade, um ser individualizado, mas uma consciência na qual todas nós, mulheres, podemos vibrar e todos os homens conseguem comungar e vibrar igualmente no seu corpo sutil, porque Maria, a energia da Grande Mãe, não tem pai, não tem filho e não tem sexo. Nem limitações ela tem.

Maria manifesta-se em todos os ciclos do planeta. Maria foi Ísis, a Grande Mãe no Egito. Maria foi Lakshmi, Durga, Saraswati e

Parvati na Índia. Maria foi Athenas, Afrodite, Minerva, Juno e Hera na Grécia e em Roma.

Maria foi e é Maria no coração das pessoas, a eterna mãe, o eterno sentimento da doação, de fazer o bem, de comungar com a dor e compreender.

Quando vocês buscam esse sentimento de profunda compreensão do outro sem julgar os atos falhos, os erros, olhando sem olhar, sem carregar, sem lastimar e sem julgar, vocês comungam com a energia de Maria.

Maria está em todos os lugares. Maria é o ser divino, a energia da mãe que nas águas toma o nome da mãe das águas; na terra, de mãe da terra; e no ar, da mãe do ar.

A energia do planeta vibra nesse uníssono, nessa vibração.

Quando fui Maria, Mãe de Jesus, não tinha a consciência de todo esse amor que estava me sendo confiado. Apenas depois de muito sofrimento no plano físico descobri no mundo espiritual que havia essa vibração divina, feminina, sagrada, que tudo acalenta, orienta, perdoa e que a dor alivia.

Muitas vezes no corpo físico fui aliviada por uma graça maior que não compreendia, mas aceitava, porque o alívio da dor não precisa ser compreendido, mas aceito.

Trabalhem em suas vidas a aceitação. As mulheres e os homens de hoje sabem guerrear e até se denominam "Guerreiros da Luz", mas a luz não precisa de guerras, ao contrário, necessita de paz, de profunda paz, de harmonia entre as crenças e entre os povos e de muitas Marias. Almas abertas, amorosas que se solidarizam com o próximo e aceitam a luz em si mesmas.

Recebam, amados filhos, irmãos e irmãs na graça do Pai minhas bênçãos e meu amor.

Vivam Maria em todos os dias, perdoando, compreendendo e aceitando. Descubram nessa aceitação a enorme força da lucidez e da ação correta que cada um tem dentro de si.

Aceitar não é para os fracos. Aceitar é a força, a luz e o bem daqueles que estão comungando com o Pai e a Mãe divinos.

Sigam em paz".

Mensagem canalizada em 11 de abril de 2007

O Nono Raio Chama Magenta atua no plano inconsciente associado à Divina Presença, ou seja, ao Deus no interior de cada ser, a essência divina de cada um de nós.

Para acessar essa energia precisamos nos abrir para uma limpeza profunda no emocional e no que diz respeito a crenças limitantes que colocam Deus em um altar, em um lugar distante de nós onde apenas pessoas especiais ou os escolhidos podem entrar. Quando conseguimos ativar a energia do Raio Magenta acreditamos mais na nossa capacidade de luz, amor e perdão.

Essa vibração está associada à energia da Chama Rubi sexto raio da fé e do amor devocional com o toque rosado do amor e do perdão do terceiro raio.

Tenho trabalhado essa sintonia com sucesso em questões relacionadas com a autoestima e com a exaltação do poder feminino. Tem sido especialmente reconfortante observar as mulheres desabrochando em sua luz.

O aspecto emocional é fortemente ativado nessa energia que transmuta as dores e os sofrimentos quando atingimos um estado de oração e compreensão espiritual sobre os fatos da vida e de tudo o que nos acontece.

Nono Raio — Magenta

Virtudes — Atua no Plano inconsciente nos conectando à Divina Presença.

Cor original — Magenta, emanação divina que cura o corpo emocional.

Desafio para entrar em sintonia com a vibração deste raio: Purificar as emoções e sentimentos de baixa autoestima. Limpar aprisionamentos vividos em existências anteriores que causam revolta e depressão. Conectar o eu divino, o Cristo interno. Receber o acolhimento do colo da mãe espiritual.

O 9º Raio Chama Magenta e a Energia da Grande Mãe

Em uma semana muito quente de janeiro recebi no meu espaço uma sequência de mulheres desejosas de viver um grande amor. Cada uma da sua forma estava sofrendo, o que me fez refletir sobre as emoções femininas. Sim porque nós, mulheres, definitivamente pensamos e sentimos de forma diferente dos homens. Nem melhor nem pior, mas diversa.

Trabalhando há anos como terapeuta e conselheira posso constatar isso diariamente em meus atendimentos e grupos; e quando há uns dez anos começou a aparecer no meio holístico a tendência de reverenciar as deusas muita coisa clareou em minha mente.

Percebi que somos muito influenciadas por esses importantes arquétipos que a Psicologia nunca deixou de lado. Se não somos exatamente poderosas como as deusas, trazemos em nossas características muito de sua atuação.

Você que está lendo pode pensar: mas por que ela está falando das deusas e do amor? Qual a sintonia com o raio Magenta?

Pois bem, meu querido amigo leitor, posso afirmar que quando falamos das deusas estamos também falando de amor, de sentimentos e do nosso eu divino e da presença dessa luz Magenta cheia de força e poder amoroso.

Nos nossos relacionamentos e comportamentos assumidos diante do objeto do querer se mostram a facilidade ou as dificuldades diante da fluidez dessa energia. Como os mestres ensinam, onde existe o erro está também sinalizado o caminho do acerto. Dessa forma, podemos perceber que aquelas pessoas que sofrem por causa do amor precisam reconhecer o Deus interno e trabalhar suas emoções, que é o ensinamento principal de cura do raio Magenta.

Nessa semana senti que essas pessoas foram escolhidas para me mostrar algumas coisas importantes que vou compartilhar com você.

Primeiro surgiu Lúcia (usarei nomes fictícios), uma executiva bem-sucedida que veio procurar a Terapia de Vidas Passadas talvez até por um certo receio de enfrentar os problemas atuais.

Em uma existência anterior essa moça forte havia sido uma guerreira que na ausência do marido e dos homens da aldeia assumia todos os compromissos, o que a levou a liderar o seu grupo, porém tanta energia e luta desgastou seu lado mais romântico e ela perdeu completamente o interesse pelo marido. Quando estava perto dele se sentia sem vontade de compartilhar qualquer coisa, assim, ela foi levando sua vida sem maiores alegrias e sem assumir seu desejo de liberdade. Hoje estava enfrentando um problema semelhante, trabalhando fora, mãe de duas filhas, não sentia mais interesse por seu parceiro.

O que fazer então com esse sentimento que queremos para que tempere nosso encontro físico?

Sim, porque nós, mulheres, queremos o sexo com amor, com encanto como Afrodite promete, sem, no entanto, estarmos seguras quanto à liberdade ensinada por este arquétipo que ilustra a maioria das revistas femininas.

Queremos o romance, o prazer de Afrodite, mas não estamos prontas para no dia seguinte virar as costas e esquecer as mãos que nos tocaram, os lábios que suspiraram em nossos ouvidos. Queremos viver, trabalhar, ganhar a vida, guerrear por nossos objetivos e continuar no romance. E ai de quem nos pondere dizendo que isso não é muito fácil. Nesse raciocínio percebi que algumas mulheres temem assumir a autossuficiência com medo de perder a feminilidade e com isso bloqueiam o seu crescimento.

Devo fazer um parêntese explicando que o raio Magenta nos dá força e equilíbrio para encarar nossas emoções. Muitas pessoas entram em depressão porque se negam a viver aquilo que a vida está oferecendo, criam mundos de sonhos e se desconectam com a realidade contrária a suas expectativas, e dessa forma perdem o contato com o "eu divino". É pela energia da Chama Magenta que vamos nos comunicar novamente com o mundo. Mudamos interiormente fortalecendo a coragem de ver o que não está certo e depois começamos a atuar na realidade à nossa volta.

Lúcia sofria pela ausência de Afrodite em sua vida; consolada por Deméter, associada à Durga (guerreira que cavalga um tigre), ela estava lutando por sua sobrevivência, amando e protegendo as filhas, mas não sabendo mais como ser sedutora ou como entrar na sintonia do amor. Na verdade tinha medo de se soltar.

Conversamos muito e quando perguntei se tinha tempo para namorar ela me confidenciou que ficava difícil tendo de cuidar das meninas...

Expliquei que para amar precisamos de tempo... Não qualquer tempo, mas um que tornamos especial. E por que não criar um clima?

Usando velas, incensos e uma roupa nova?

Esses artifícios não resolvem as questões profundas da autoestima, mas ajuda a pessoa a se sentir melhor.

Para preservarmos o amor precisamos cultivá-lo. Tratar como algo importante e dar passagem à vibração dessa energia. Vejo que muitas pessoas, por conta de seus enganos afetivos, se fecham inclusive para o amor espiritual, se tornando pessoas rígidas, exigentes e carentes ao mesmo tempo. Muitas vezes correndo o risco de cair em terríveis enrascadas quando traídas por uma paixão avassaladora. Já vi vários casos de pessoas muito formais que de uma hora para outra quebram essa rigidez se apaixonando por quem não tem nada a ver com suas crenças. E aí é claro que terminam por sofrer um grande desgaste emocional.

⁂

Em seguida na sintonia do raio Magenta e das deusas apareceu Angela; menina jovem e inteligente, alcançou muito cedo uma condição profissional invejável. Porém essa moça estava à minha procura porque nada dava certo no amor, e ela queria entender se havia algo em vidas passadas. Expliquei que é claro que devia existir um entrave, mas que era igualmente importante entender o que acontecia hoje em sua vida e observar como se comportava. Apareceu uma existência em que foi mostrado seu desejo de autossuperação e determinação. Fatores fortes na sua personalidade atual, mas não apareceu nada relativo à paciência, tolerância e colhimento, que são os atributos divinos da chama Magenta necessários para promover equilíbrio emocional e conduzir as pessoas para um bom relacionamento.

Ela com sua forma objetiva assustava os homens, e talvez por viver em um ambiente tão competitivo não sabia a hora correta de se calar e o momento de se colocar; assim, aceitava coisas que não devia, e falava coisas que ofendiam o seu parceiro. Não havia equilíbrio sequer em suas atitudes.

Expliquei que era preciso ter mais paciência e sabedoria para tolerar algumas coisas que a irritavam, mas que também devia dosar os limites.

Fátima apareceu logo em seguida com um problema semelhante, agora em sintonia com a deusa Atenas, senhora da inteligência, justiça e sabedoria. Fátima era uma moça delicada e exigente, isso transparecia até na aparência. O corte de cabelo correto, a roupa impecável, os sapatos novos... Ela, porém, era doce no jeito de falar, o que traía um pouco a sua objetividade, e foi logo explicando que seu problema era o amor, porque no trabalho tudo corria bem. Na primeira existência que apareceu ela era uma nobre falida que foi casada em um acerto financeiro como era comum na época. Mas acabou se apaixonando pelo marido que no começo a tratava bem e depois passou a desprezá-la. Com o passar do tempo sua autoestima foi destruída e essa moça antes otimista diante da vida se sentia muito infeliz. Na existência que veio a seguir ela aparecia como diretora de um convento, cuidando das freiras e das crianças. A imagem doce desapareceu e tomou lugar uma mulher autoritária e exigente que não aceitava falhas. No final da sessão expliquei que essas duas energias conduziam a sua vida, e que de fato ficava difícil encontrar um espaço para o amor e a vibração da Chama Magenta, já que exigia demais das pessoas. A princípio ela não concordou, dizendo que no seu último relacionamento aceitara muita coisa do seu parceiro que agiu como o então marido na vida passada: no começo, flores e amores e no fim só ausência. Porém, quando conversamos, ela entendeu que estava exigindo demais de si mesma, tentando acertar em tudo, até nas ações do outro. E com isso não dava espaço à fluidez, não se sentia autoconfiante suficiente para acreditar na sua luz e assim não se libertava das dores do passado e não se abria para mais ninguém.

Na ocasião falamos muito em poder pessoal e na necessidade de equilíbrio porque, como ensina a Chama Magenta, precisamos realçar em nós aquilo de bom que temos no coração.

Todos nós devemos ter consciência da importância da Chama Magenta, pois sem o despertar dessa vibração que nos ensina que somos criadores do nosso destino enfraquecemos a fé.

A Chama Magenta faz com que recordemos que temos uma ação valorosa no trato emocional. Não devemos fazer como algumas pessoas, que fogem do sofrimento e do confronto com as emoções; ao contrário, ao longo da vida precisamos nos reinventar, criar novas formas de ver o que o destino nos oferece e mudar as atitudes obstinadas e restritivas. Os mestres nos incitam a seguir com coragem e discernimento. Nem tudo é como desejamos, mas com luz no coração vamos aprendendo a nos adaptar e encontrar felicidade no amor que vibra em nós.

Meditação e Oração da Divina Presença

"Exercício para a Divina Presença Eu Sou.

Imagine, visualize à sua frente você. Você é lindo, perfeito, próspero, saudável, está maravilhosamente vestido, tem a vibração suave e leve. Seu rosto está perfeito, tranquilo; seus cabelos, bonitos e alinhados.

Procure visualizar, imaginar você perfeito, como gostaria de ser, como sente que espiritualmente, em luz, você é.

Para quem tem dificuldade de imaginar, de acessar o poder criativo da mente, não se preocupe, apenas idealize, apenas sinta que você pode ser desse jeito.

Assim nós pedimos: (repita mentalmente) Se desejar fale em voz alta:

— Meiga e bem-amada Presença Eu Sou em meu coração;

— Meiga e bem-amada Presença, cuide de mim e da minha vida;

— Meiga e bem-amada Presença Eu Sou, cuide das minhas finanças e dos meus problemas profissionais.

E visualize, imagine a sua Divina Presença Eu Sou cuidando de você.

— Meiga e bem-amada Presença Eu Sou, cuide da minha saúde e de tudo aquilo que envolve meu corpo;
— Saúde perfeita, condições perfeitas, vida perfeita.
Visualize, imagine a sua Divina Presença cuidando de você. Sinta esse Eu perfeito, exatamente à sua frente, como um anjo de luz e, agora, abra o seu coração e permita a união entre você e esse ser. Imagine o abraço, imagine a troca. Esse ser que é você, penetrando você no seu atual estado.
E com essa sensação profunda de paz, de equilíbrio, você abre os olhos."

O Amor de Clara por Francisco

"O tempo que vivi foi triste porque as pessoas sabiam pouco de si mesmas e valorizavam apenas os títulos e a riqueza material. Os ricos eram muito ricos e os pobres, muito pobres.

Nasci entre nobres, mas me sentia muito perdida porque não sabia ser feliz vendo tanta infelicidade e tantas pessoas carentes. Quando Francisco começou a sua caminhada acolhendo aqueles que precisavam e se rebelando contra a família, estava junto, era apaixonada por ele e admirava suas ações.

Ele era lindo e tão jovem quanto eu, tão bem-nascido quanto eu, tão amigo e tão carinhoso. Podia me espelhar nele, me ver nele. Por isso era muito fácil amá-lo, porque amava alguém que pensava como eu. Amava quem via o mundo da forma como eu via. Esse amor forte e verdadeiro provocou em mim uma enorme paixão.

Eu era mulher e ele, homem; assim tudo me pareceu natural imaginar que me tornasse sua namorada, esposa e caminhar o restante dos meus dias pela Terra ao lado dele, porque estávamos perto e sabia que ele gostava de mim. Via esse amor nos olhos dele.

Senti que durante um tempo seguimos nessa direção. O que me trouxe muita alegria, pois me sentia preenchida, feliz e todas as revoluções dele segui, impondo esse mesmo ritmo na minha vida.

Quando ele se despiu achei aquilo muito forte e não tive coragem de mostrar meu corpo, mas senti que deveria fazer o mesmo. Assim discretamente abri mão das minhas roupas de nobre e vesti os farrapos iguais aos que ele usava. Mas até esse momento achei que podia ser meu. Que aquele homem lindo que eu amava estava ao alcance das minhas mãos, e me colocava sempre perto das mãos dele, dos olhos dele. E foi muito triste o momento que percebi que ele não olhava mais para mim como antigamente.

Por que um dia ele me olhou e me desejou e agora não mais... Aquilo começou a doer muito na minha alma, porque me senti abandonada. Havia criado histórias dentro de mim. Pensava que seria feliz ao lado dele; mãe dos filhos dele. Sonhei que nos realizaríamos juntos como homem e mulher, uma única alma porque os ideais dele eram os mesmos que os meus.

De repente vi que os olhos dele me evitavam e que, mesmo me colocando disponível, dando, ele ia embora.

Foi muito difícil aceitar que ele me evitava. E quando olhava para fora e via os pássaros, os animais, o campo verde que tantas vezes serviu de cenário para nossos encontros me sentia tão triste. Porque não podia compreender como alguém que amava tanto poderia estar me rejeitando.

Era um amor cheio de pureza, porque não queria nada dele, pois também já fora nobre e deixara tudo para viver com ele na simplicidade.

Os votos dele eram os meus, me sentia parte dele como se fosse a unha nos dedos da mão, o cabelo na cabeça, os olhos no rosto dele e Francisco estava abrindo mão de tudo isso. Como?

A dor da rejeição foi a mais profunda que já vivi. Porque me senti rejeitada. E se um dia achei que o inferno da pobreza era horrível descobri que o da rejeição era muito pior.

Não me sentir amada foi a pior das sensações que minha alma e meu corpo já sentiram. Francisco se afastou de mim como o sol está distante da lua. Ele brilhava, acolhia, curava as pessoas, enquanto me sentia caída, destruída, porque não tinha mais o amor dele.

Em algum momento da minha vida achei que ele fosse meu.

Amei aquele homem com apego? Claro que sim. Amei como os humanos amam, porque era humana e não tinha vergonha de ser mulher.

Aquela dor do amor era tão grande, tão intensa, que comecei a orar para Deus tirar aquilo de mim. Não suportava mais sofrer por amor. Não suportava mais estar dormindo no mesmo celeiro que ele, respirando o mesmo ar e comendo da mesma comida e ver que ele se portava como se eu não existisse.

Um dia, envolta nessa dor, tomei coragem de falar com ele. Porque até então não tinha falado. Tudo isso tinha sido vivido intensamente dentro de mim apesar de saber que ele sabia o que sentia, mas nunca comentei nada.

Queria viver intensamente o que nos unia em um plano mais sutil e foi esse sentimento que me deu coragem de perguntar:

"Por que me rejeitas, Francisco?" Pensei inclusive que talvez ele saísse da minha frente e que não daria resposta alguma.

Mas ele me surpreendeu dizendo que eu deveria beber do verdadeiro amor, que expande, que faz crescer, que não precisa do preenchimento ou da aceitação do outro e que, ao contrário do que imaginava, ele me amava e enxergava minha beleza como mulher, mas que a beleza da minha alma era infinitamente maior, mais transcendente que qualquer corpo de mulher.

Ele queria que seguisse com ele, me tornasse sua parceira no espírito e que não mais tentasse trazê-lo para a matéria, pois era o seu momento de ascender. Disse que já tínhamos vivido outras histórias como amantes em outras vidas, mas aquele era o momento de ele transcender o amor que dói, o amor que fere, e encontrar em si mesmo o amor maior. E ali naquele celeiro onde os olhos humanos diriam que não era um lugar bonito, ele colocou a mão na minha testa e um calor enorme percorreu meu corpo e minha alma se acendeu e me senti repleta de amor. Como se naquele momento todo o amor do mundo, todo prazer e todo gozo tivessem tomado conta de mim. Senti como se fosse o fruto de todo prazer e de toda glória. Caí em um êxtase profundo. Soube naquele momento que meus irmãos que faziam parte do grupo de Francisco me acolheram e cuidaram.

Desse dia em diante fizemos juntos o voto da castidade no mundo da matéria, porque tínhamos encontrado a liberdade espiritual e o amor maior.

É isso que espera por vocês no caminho da ascensão, a transcendência de todas as necessidades materiais.

Neste mundo vocês conhecem apenas o amor do dar e do receber. Conhecem apenas a cobrança, o apego, o sofrimento, a mágoa e a decepção quando as coisas não dão certo. Mas existe o amor espiritual.

Não menosprezem essa verdade. Ao contrário, peçam que Deus manifeste em suas vidas a paz desse amor tão intenso que desconhece o sofrimento.

Essas coisas que vocês entendem como tão profundas e espirituais não são assim tão elevadas e inalcançáveis. Ao contrário, cada defeito que vocês transformam em qualidade, cada dor que convertem em amor, cada angústia que alteram em confiança faz com que se aproximem desse amor do Pai, dessa força Divina e desse sentimento de estar completo.

Pratiquem a meditação e a caridade, porque aquele que é capaz de expandir o coração e se doar para o outro pode igualmente ser feliz.

Eu sou Clara e meu amado mestre e parceiro na caminhada espiritual é Francisco.

Somos um, porque todos somos um na energia do Pai.

Unos ao espírito, unos no amor.

Recebam minhas bênçãos, minha paz e luz."

Mensagem canalizada em 21 de março de 2007

O Décimo Raio Chama Dourada atua no plano mental superior associado à transformação das formas-pensamento e padrões mentais.

Nos últimos tempos tenho ouvido muita gente falar em padrões mentais, como se fosse fácil acessar esse plano e modificar o que existe plasmado no éter. Talvez até por conta da atual evolução da humanidade está sendo mais fácil acessar e reconhecer esses padrões, mas infelizmente não é tão fácil assim mudar aquilo que pensamos. Porque não é apenas um pensamento e sim uma frequência de energia.

Você pode até observar isso quando algumas vezes sabe que está indo por um caminho errado que vai lhe trazer problemas e até decepções, mas não consegue mudar. Pode ser até que acesse isso por meio de sentimentos, ou sensações fortes, porém se afastar do erro não é fácil.

Nesse caso algumas pessoas podem olhar para si mesmas e se julgarem fracas, sem força de vontade ou sem escapatórias. O que fazer?

Acessar a Chama Dourada para limpar esses padrões exigirá de você abertura profunda no corpo sutil, o que significa abrir mão de tentar controlar as coisas. Significa também ver os próprios rodeios e artimanhas do ego, encarar o orgulho que nos afasta da visão real da natureza humana.

Os mestres ensinam que é preciso coragem para deixar fluir as coisas da vida sem querer que tudo aconteça exatamente do nosso jeito.

Pode ser que você não se sinta pronto para essa renúncia, mas lembre-se de que abrir mão de formas-pensamento não é só não pensar e sim secar a fonte do sofrimento.

Décimo Raio – Dourado

Virtudes — Atua no plano mental superior e na limpeza de padrões mentais.

Cor original — Dourado, emanação divina da fonte de toda luz.

Desafio para entrar em sintonia com a vibração deste raio: Abrir mão do desejo de controle das experiências da vida. Se abrir para o novo e para as transformações.

༺✦༻

Todos nós já experimentamos o silêncio como resposta a condições difíceis que enfrentamos. Calar em algumas situações é mais fácil, já que para agir é preciso coragem de se expor e assumir o que se pensa.

Você pode sim se calar e não falar tudo o que pensa para não ferir, ou para não magoar seu parceiro na caminhada, mas não deve omitir posições nem dissimular quais são suas reais intenções e ideias, pois se assim o fizer estará agindo de forma incorreta, falsa e muitas vezes correndo o risco de trazer para si como fruto de sua ação a solidão e o afastamento daqueles que ama.

Devemos lembrar que a sintonia luminosa da Chama Dourada, no que diz respeito a mudar de forma, nos direciona a princípio a enxergar a nossa forma atual. Precisamos assumir o que somos e o que sentimos para entender o que mudar.

Os mestres ascensionados que são grandes instrutores espirituais ensinam que é preciso ter coragem para viver, que a caminhada oferece riscos, mas que somente quem se expõe colherá os frutos da vitória.

Quando recebi Augusto para uma consulta individual percebi que se tratava de uma pessoa forte, mas tímida, e somente quando terminamos a sessão de Vidas Passadas ele teve coragem de expor seus sentimentos.

Como muitas pessoas que recebo, esse senhor se sentia aprisionado em sua vida sem graça, mas tinha medo de mudar. Estava insatisfeito profissionalmente, e continuava casado para não complicar ainda mais sua história, mas há muitos anos não existia mais amor nem felicidade na relação.

Em uma vida passada ele havia sido um inconfidente que lutou pela liberdade; na época, filho de um rico fazendeiro teve oportunidade de estudar fora do País e se formar, porém quando voltou ao Brasil encontrou uma sociedade retrógrada, ainda muito cruel, e sem consciência social. Como seus ideais eram muito fortes ele não se cuidou como devia e se expôs a riscos confrontando sua opinião com os demais. Vamos dizer que ele foi ingênuo. Nesta existência, ao contrário da atitude infantil da vida passada, este homem não se mostrava de forma alguma, não dizia nada do que pensava, guardando tudo para si, e é claro se sentia traído pelo destino, destratado por sua família e desrespeitado por sua esposa que o achava um derrotado. O que acontecia é que ninguém de fato o conhecia, ninguém sabia o que ele pensava ou sentia, assim todos passavam por cima dos seus sentimentos, inclusive ele próprio.

Na situação de vítima ele ocultava uma capa de orgulho criado para protegê-lo de situações difíceis. Faltavam autoestima e autoaceitação.

Ele não se dava ao respeito, fazendo muitas vezes o que não queria apenas para não contrariar as pessoas; assim, acabava agindo com raiva e transmitia a imagem de que era uma pessoa orgulhosa. O amor era para ele um ideal inalcançável, já que seu coração estava cheio de queixas. Estava tão aprisionado ao cenário construído por ele mesmo que mergulhou em um lastimável estado de ignorância.

Claro que sua vida profissional não fluía, assim como a vida sentimental estava estagnada. Como ele não se amava, a sintonia do amor não o alcançava. Triste homem, já na meia-idade, sozinho, apesar de ter mulher, filhos e colegas.

O que dizer para alguém assim tão inconsciente da força de suas ações?

Nosso amigo, apesar de tudo, era um homem de fé, gostava dos ensinamentos da Fraternidade Branca, já tinha lido meus livros, porém o conhecimento não passava do nível mental.

Falei para ele do poder da ação e, usando os ensinamentos do mestre Saint Germain, expliquei que um homem sem ação não vive a totalidade do seu poder. Como diz o mestre da Chama Violeta: palavras, atos e pensamentos formam a força de um titã.

Assim, observando a história do Augusto, podemos concluir que é preciso agir, se expor e falar o que pensamos. Reconhecer a forma insensata de agir que muitas vezes toma conta de nossa vida é fundamental na mudança de vida.

Foi o que sugeri para aquele homem que saiu do nosso encontro mais esperançoso. Claro que a mudança dependia dele e de suas atitudes, mas o primeiro impulso, que é a tomada de consciência, já havia sido dado.

Amigo leitor, aprendi com os mestres que guardar os sentimentos para se poupar de situações de confronto não é uma atitude adequada para todos os momentos. Há sim sabedoria em deixar as coisas fluírem, relevar atitudes que contrariam a nossa vontade, porque não somos donos da verdade, mas tudo com sabedoria. Precisamos encontrar o equilíbrio, pois, assim como existe a hora de calar e refletir, há também o momento de se colocar e mostrar para o outro o que sentimos.

No diálogo amoroso, então, isso é fundamental. Seu parceiro precisa saber quem você é, quais são suas fronteiras e seus sonhos.

Mas lembre-se de que você precisa existir sem medo de perder a companhia por conta da exposição de uma maneira de ver a vida. Você precisa também agir sem medo de enfrentar a solidão, caso isso aconteça.

Caro amigo leitor, a Chama Dourada ensina que seu maior compromisso é com você mesmo, e não cale o seu coração, pois ele é a conexão com seu eu sagrado.

Anjos de Luz do Raio Dourado

Como sempre acontece comigo quando vou aprender algo novo intelectualmente, a sabedoria vai chegando como intuição. Como conheço o processo mediúnico, hoje aceito o que aparece porque sei que posteriormente terei acesso a um conhecimento mais intelectual, leituras que caem na minha mão, comentários de pessoas. Enfim, parece que uma porta de repente se abre.

Foi assim que os anjos solares se apresentaram em minha vida. Clientes foram tratados com sua presença luminosa. As pessoas vinham com pensamentos repetitivos, negativos, egoístas, cheios de sofrimento, e quando fechava os olhos, como sempre faço no final da minha sessão, para ensinar uma meditação, anjos de Luz dourada apareciam enfeitando um pôr-do-sol maravilhoso.

Posteriormente li que o mestre Yogananda ensinava que, para mudar um pensamento negativo muito enraizado na mente, precisamos imaginar um raio de luz incendiando aquela negatividade.

Com essa constatação compreendi que aqueles anjos do pôr-do-sol tinham realmente uma lição importante para nos passar.

Meditação do Raio Dourado – Pôr-do-sol

Imagine que você está sentado assistindo a um lindo pôr-do-sol. A tarde caindo, o céu colorido, o sol vibrando no horizonte. De repente um raio de luz vem em sua direção e um lindo anjo se manifesta à frente. Ele coloca as mãos em sua cabeça e você permite que a energia dele cuide de você, entre em você curando todos os pensamentos, ideias, doenças e impurezas. Você se vê inteiramente dourado. Você se transforma em um ser de luz. Tudo é luz, calor e harmonia. Com essa sensação boa, você abre os olhos.

As Estrelas Estão mais Perto das Crianças

"As estrelas parecem mais perto para as crianças porque os pequeninos ainda não sabem a distância entre os mundos, nem da separação que existe entre as pessoas e a energia que as afasta do todo. Para eles as estrelas são apenas um brilho no céu da noite.

Observem os olhos dos pequenos. Eles não sabem o quão distante podem estar os objetos de luz de suas mãos e nem consciência têm do quanto elas são pequenas.

Observem a responsabilidade que vocês têm como pais, mães e irmãos na formação daqueles que Deus colocou em seus caminhos.

Observem que, nos laços familiares, aqueles na condição de crianças perto de vocês ali estão para serem amados, porque a maior verdade, a maior cura e o maior ensinamento do amor são acolher e ensinar.

As palavras podem ser duras, porque às vezes ao pai, ao irmão, ao professor, ao avô, ao orientador cabe direcionar o caminho e colocar limites, mas nunca impeçam uma criança de sonhar, um pequeno de acreditar que a vida pode ser boa. Não coloquem as suas sombras nos pequenos que estão à sua volta. Não coloquem as suas dores naqueles que vocês estão criando.

A humanidade renasce todos os dias quando uma criança respira pela primeira vez o ar que lhe cabe. Todos os dias o mundo recebe mais uma chance, mais uma esperança, mais uma luz, mais uma oportunidade, porque Deus acreditou nesse futuro colocando no mundo as crianças.

Filhos e filhas da minha luz, saibam amar. Se não sabem, ou se foram traídos e magoados no amor, é hora de assumir sob si mesmos a paternidade e a maternidade de forma amorosa.

Quando um homem ou uma mulher se torna adulto, não faz mais sentido nesse estágio de desenvolvimento da sua consciência se permitir reclamar, carregar mágoas de pai, de mãe, de irmãos ou da vida que não tiveram. É hora de você assumir ser seu pai, sua mãe e seu amigo, porque quando tem a responsabilidade de amar a si mesmo o mundo ao seu lado não vai mais lhe ferir, porque esse amor se tornará uma fonte de luz tão intensa que a escuridão e os dejetos do medo não ofuscarão a sua consciência.

O homem sofre com tantos desencantos, desalentos e desafetos, porque não se ama. Não reconhece a sua divindade e o seu poder, esperando do outro esse reconhecimento. Por isso as trocas ficam tão difíceis e o compartilhar, impossível.

Assumam a sua luz e se proponham se curar. Nunca menosprezem as palavras que chegam até vocês. Jamais depreciam a vibração de amor e luz que criaram e expandiram do seu plexo cardíaco, porque vocês são Deus. Vocês são Deus em ação. Vocês são o filho, o pai e a mãe. E é a consciência dessa luz que os libertará.

Sou Sananda a serviço do amor do Cristo. Aqui estou para abençoar o trabalho espiritual de vocês e a ajuda tão necessária às crianças.

Doem amor. Amor neste mundo é fundamental.

Quando oferecerem um pacote de comida, um quilo de arroz, um pacote de feijão ao próximo vibrem nesses grãos a energia do amor, porque quando vocês doarem aos desvalidos o alimento que preenche o estômago também recharão o coração.

Não menosprezem a doação, porque é a expansão do seu poder divino. Quanto mais você doar amor, afeição, aconchego a quem necessita, mais está expandindo a sua luz.

Se o mundo todo despertasse nessa consciência de amor e de luz, a nossa missão espiritual estaria cumprida. Mas, como a cada dia nasce uma criança, como a cada dia uma nova respiração nos faz acreditar que viver vale a pena, expandam o seu coração e se doem agora ao amor divino acreditando sempre que a vida vale a pena.

Recebam minhas bênçãos e luz e sigam em paz."

Mensagem canalizada em 6 de junho de 2007

O Décimo Primeiro Raio Chama Pêssego atua no plano da intuição associado à entrega afetiva, amorosa e consciente à vontade divina.

Acessamos a suavidade desse raio pêssego alaranjado quando nos colocamos a serviço do propósito divino em nossas vidas com o coração aberto. Quando compreendemos que fazemos parte de um todo e que a caridade é uma forma de nos aproximar da igualdade divina e de um padrão vibratório mais elevado longe do egoísmo.

Essa chama tão especial não é acessada por meio da mente racional que quer soluções apenas dentro de um senso de justiça e de forças conhecidas. A Chama Pêssego é livre, suave como uma brisa que chega até nós pela graça de Deus.

Infelizmente muitos na senda da espiritualidade ainda querem corrigir os erros alheios com um sentido severo de punição aos culpados. Assim, sem perceber ficam aprisionados à roda de samsara e às questões cármicas.

A maioria de nós escolhe oferecer ajuda apenas àqueles que já estão no caminho correto e fecham os olhos para todos os outros que ainda vagam na escuridão que são justamente aqueles que mais precisam de apoio. Amar os que vibram como nós é muito fácil, amar o diferente ou no mínimo respeitar as divergências é difícil.

Os mestres ensinam que enquanto olharmos os erros alheios com a intenção de corrigir as pessoas não conseguiremos nos libertar de nossas próprias sombras.

O amor divino do raio pêssego abrange o amor em expansão. O amor que aceita o erro como parte integrante do acerto. O amor que as crianças sentem. O amor livre do julgamento, o amor que nos aproxima da graça e nos liberta do desejo de justiça.

Décimo Primeiro Raio – Pêssego

Virtudes — Atua no plano da intuição abrindo os portais para a manifestação do propósito divino em nossa vida.

Cor original — Pêssego, alaranjado como a túnica dos renunciantes. Desafio para entrar em sintonia com a vibração deste raio: Abrir mão do julgamento. Compreender que o discernimento é libertador porque nos mostra o caminho a seguir e nos liberta das questões cármicas que nos impedem de olhar mais à frente. Liberdade e suavidade.

Escrevendo estas últimas palavras não pude deixar de pensar que somos dotados de intelecto e aprendemos muito com a vida e com as pessoas, então como não julgar? Como olhar ações erradas das pessoas e não se sentir mal? E o livre-arbítrio onde fica?

Quero lembrar que estamos abordando neste livro a expansão da consciência e falando de um nível superior de atitudes. Claro que tudo isso não é fácil na convivência humana normal do nosso dia-a-dia, mas a ascensão é uma condução de nossas atitudes mais iluminadas mesmo convivendo em um mundo de imperfeições e em um planeta-escola como a Terra.

Como os mestres ensinam só poderíamos aprender como melhor nos comportar enfrentando lições cada vez mais difíceis como acontece na escola. As crianças pequenas têm tarefas proporcionais à sua idade, enquanto as mais velhas naturalmente vão se aprofundando em suas lições.

Discernimento, ética e valores espirituais com certeza são desafios para almas despertas. Aqueles que nem compreendem o que isso significa com certeza nem se aprofundarão nesses valores.

Expandir a consciência significa também compreender a vida de uma forma mais expandida, além do aparente certo e errado do véu de Maya. Muitas vezes seguindo esse caminho de aperfeiçoamento encontramos pessoas maravilhosas passando por terríveis penitências e testes de fé. Será que isso acontece porque essas pessoas são más e respondem à lei de causa e efeito ou estão passando por privações porque sua alma pediu o aprendizado da transcendência?

Somente quem passa por essas situações poderá responder a essas questões. Analisando de fora essas situações tristes jamais poderemos alcançar a compreensão das lições alheias. Podemos, no entanto, parar de pedir inutilmente para não ter mais dificuldades na vida com medo do sofrimento. Como os mestres ensinam jamais nos serão negadas as lições que poderão enriquecer nosso aprendizado.

A Chama Pêssego nos ensina justamente a entrar na sintonia da graça divina e nos livrar do espírito justiceiro que traz para nossas mãos humanas o desejo de consertar o mundo criado por Deus. Pois quem acredita que este mundo está perdido desacredita da ação amorosa do divino.

Aceitar a vibração da Chama Pêssego exige de nós a prática da meditação constante porque somente aliviando a pressão mental e o desejo de felicidade ininterrupta acessamos a compreensão de energias mais sutis como esta.

Quem já não se perguntou para o que nasceu nesta vida?

Acho que posso afirmar que uma hora ou outra nos deparamos com esse tipo de questionamento, principalmente no início do ano, quando estamos mais voltados à autoanálise querendo encontrar novos caminhos.

Outro momento em que vejo as pessoas refletirem sobre este tema acontece quando sofremos alguma perda ou a vida nos coloca alguma situação reversa. Nessas horas que os planos mudam de forma alheia ao nosso controle costumamos indagar a nossa alma qual o nosso verdadeiro caminho e por instantes vibramos na Chama Pêssego porque nos abrimos. Parece que nesses momentos especiais deixamos de lado o desejo de controle da vida e nos entregamos à ação do divino. Porém, infelizmente esse estado de luz dura pouco porque em seguida voltamos ao estado natural de nossa consciência e ao desejo insano de controlar a vida.

No meu trabalho costumo sempre explicar para as pessoas que precisamos aprender a felicidade. Sim, meu amigo leitor, felicidade se aprende, não vem pronta. Os mestres da Fraternidade Branca sempre comparam a felicidade às plantas e jardins para dizer que é algo que se pode cultivar.

Os dons da alma entram exatamente nesse cultivo que deve ser leve e suave como a força da Chama Pêssego.

Recentemente atendi um rapaz que voltava a me procurar depois de um bom tempo porque havia feito importantes mudanças em sua vida e queria conferir se estava no caminho certo. Logo no início da sessão percebi que ali estava uma alma sensível que aprendera como se cuidar, mas que ainda não se sentia seguro quanto a que direção tomar. Quando comecei a captação de vidas passadas, a primeira imagem que veio dele foi a de um rapaz em uma embarcação perdida em um grande redemoinho no mar. O movimento era intenso e atordoante.

Logo em seguida, mergulhando mais profundamente nos registros akáshico do rapaz, me deparei com uma vida em que ele havia sido muito exigido pelo pai, o que gerou profunda insegurança. O pai não era exatamente mau, mas o rapaz não se sentia aceito ou amado como todos querem ser. Depois me confidenciou que a situação se repetia na vida presente, quando ele estudava engenharia e só arrumava empregos ridículos, embora tenha sido um aluno brilhante. Ele nunca compreendeu por que isso acontecia. Perguntei então se gostava do que fazia. Ao que ele respondeu mais prontamente do que eu imaginava que não...

Resposta simples, direta e conclusiva.

Seguiu-se então um diálogo sem muitos rodeios, em que tentei colocar com delicadeza pontos importantes. Falamos da importância de seguir a intuição e procurar fazer coisas que nos tragam prazer.

Na verdade essa é a maneira correta de acessar o poder da Chama Pêssego, abrir a alma de forma leve para o divino agir em você. Ouço muito também essa história de seguir o coração e vejo que há muita controversa nesse assunto, já que poucos sabem de fato ouvir o coração.

A maioria de nós quer ouvir o coração e algumas vezes na vida com certeza conseguiu esse intento, mas acho que posso concluir que isso não é algo fácil de se fazer porque nosso ego inferior o tempo todo deseja assumir o controle das ações e com esse controle puramente humano e mental nem sempre as coisas acontecem.

A mente humana está pautada em ações do passado, a cada passo fazemos e recriamos apenas em cima de coisas já mastigadas porque quase todas as pessoas têm medo de ousar sair da partitura das músicas já conhecidas. Os mestres de Luz esperam que possamos abrir de fato a alma para receber a inspiração para criar um mundo novo para nós mesmos.

No Tarô temos a carta número zero justamente apresentando esse desafio, quando o arcano "O Louco" se depara com o abismo do desconhecido, abismo esse que em ocasiões especiais vamos enfrentar.

Sei que muita gente que está lendo este livro deve estar refletindo sobre sua história e imaginando como mudar de vida, já que também se sente infeliz como meu cliente.

Nesse caso sugiro sempre que as pessoas construam pontes entre seus sonhos e a realidade, mas de forma aberta. Nunca aconselharia alguém a pedir demissão e se jogar na aventura porque penso dessa forma. É preciso que cada um respeite e aprenda a reconhecer seu tempo, sempre lembrando que nossas histórias são construídas por nossas atitudes.

Sugeri para ele estudar coisas que lhe despertassem interesse. Ele então me contou que sempre gostou de ervas e de culinária. Aconselhei-o a fazer cursos nessas áreas porque assim iria conhecer pessoas, expandir conhecimentos, aprender coisas novas e quem sabe construir por ali um novo caminho.

Meu amigo leitor, nem todas as respostas estão nas vidas passadas. Este é o meu dom da alma, minha grande paixão, em que reciclo minhas energias e interajo com as pessoas. Sei que este plano espiritual onde fui convidada a mergulhar está cheio de luz e explicações, mas o mais importante é descobrir qual o seu dom.

Uma boa notícia para quem nem imagina qual o seu dom é esta explicação dos mestres que ensina que onde está o seu problema também se encontra o caminho de cura. Portanto posso sugerir que você se atente no seu sofrimento. Acolha o que está sentindo, pois pode ser que a resposta esteja muito mais perto do que imagina.

Aproveite as oportunidades e aberturas que o sofrimento traz para visitar seu interior e lá encontrar suas respostas. Procure se abrir ao novo.

Amigo leitor, saiba que não faço nenhuma pregação do sofrimento, mas já que é inevitável sofrer aproveite essa oportunidade para reciclar o que for possível.

Como dizem os mestres: você é o seu caminho e a sua cura.

Meditação da Chama Pêssego e a Árvore da Vida

Visualize, imagine que está de frente para uma linda árvore. Um pessegueiro cheio de frutos; você escolhe um bem bonito, colhe do pé e come lentamente, sentindo o sabor da fruta, da vida, trazendo energia nova, limpa.

Aprendendo com as Diferenças

"Nasci negro, pele negra e quando criança me perguntei o porquê da minha cor, pois imediatamente me vi envolto ao preconceito, ao racismo e à segregação racial.

Meu coração inocente das misérias do mundo se perguntava por que as pessoas me viam diferente delas se meus olhos mostravam que éramos todos pessoas comuns.

Por que ser tratado com desdém? Por que as pessoas me mandavam andar na rua, sendo que elas pisavam na calçada? Por que não podia me sentar no banco da igreja se outros sentavam confortavelmente? Por que existiam igrejas para negros? Por que a minha cor justificaria essas injustiças?

Como não compreendia essas diferenças cansei meu pai com tantas perguntas sem respostas, porque ele nunca soube me responder o porquê dessas atitudes.

Fui crescendo e observando que a vida foi mudando, nossa família foi se modificando como se fôssemos fugitivos de uma casa para outra... Sempre enfrentando perseguições e falta do dinheiro e encontrando respostas apenas na fé. Meu pai era um homem de fé que rezava fervorosamente. Vendo o comportamento dele muitas vezes me perguntei: *"Por que Deus faz isso conosco? Por que a vida é tão difícil para os negros?"*.

Mas, ao mesmo tempo que meu coração repudiava o sofrimento pelo qual passávamos, outro lado do meu ser sentia um grande amor por Deus crescer dentro de mim. Pensava em um Cristo que morreu na cruz para nos salvar, mas não me sentia ileso.

Não estava incólume no meio das pessoas que olhavam a cor da minha pele e me julgavam pelas aparências. Como podia me sentir salvo com tantos sentimentos negativos e vivendo em um mundo sem amor?

Não me sentia aceito, nem amado, nem acolhido, mas ainda assim não conseguia deixar de amar a Deus. Não conseguia deixar de olhar para aquele homem que morreu na cruz, porque sentia profunda ligação com a história de vida dele; afinal ele também sofreu perseguições como eu.

Nos estudos sagrados da Bíblia, procurava explicações do porquê o Cristo estava vivo em mim, nos meus sentimentos. Porém a razão me afastava Dele, já que não entendia a conduta da sociedade à minha volta que se dizia religiosa, mas continuava julgando as pessoas pela cor, pela condição social e pelas diferenças.

A minha razão me fez estudar, sempre tentar ultrapassar os meus limites, pois achava que assim gostariam de mim, me amariam, me aceitariam, porque era negro e se isso era algo ruim deveria ter algum aprendizado positivo nessa condição.

Esses conflitos internos foram intensos e me acompanharam durante toda a minha infância e adolescência. Até que me tornei um ativista político com a intenção de libertar o mundo de tantas coisas erradas. Mas ao mesmo tempo que pensava em lutas me tornei também um pacifista, porque não aceitava que mesmo um negro açoitado tirasse a vida de um branco, ainda que fosse para se defender. Meu coração sinalizava aquilo como um grande erro e não um ato de justiça.

Sentia em meu coração que a defesa nunca justifica atacar quem nos ameaça. Sentia que jamais alguém deve se defender agredindo, porque a briga não terá um fim. Foi assim no tempo bíblico. Por que não seria assim no nosso tempo?

Meu sentimento por Deus era tão forte. Meu amor por Cristo era tão intenso que nunca me senti desamparado.

Buscava nele o consolo e encontrava, porque, se sofria o desafeto, lembrava que Ele — que foi o Cristo — muitas vezes foi abandonado e negado pelos Seus amigos, companheiros...

Quem são essas pessoas que se sentem separadas umas das outras pela cor da pele ou a condição social?

Fui aprendendo a falar em público, porque a vida inteira me dispus a ouvir, e desde cedo entendi aquilo que as pessoas queriam dizer com as palavras não proferidas, e assim também aprendi a falar o que era correto, com eloquência.

As noites silenciosas em que entrava na igreja, sozinho, me ensinaram muita coisa. Olhava, sentia o silêncio e não compreendia por que aquele não era um mundo justo. Mas sentia que devia aceitar a realidade à minha volta.

No silêncio da igreja pedia que Cristo estivesse em mim, porque sabia que assim estaria com Ele.

Quando fui morto por um tiro, meu corpo padeceu, mas minha mensagem não se perdeu.

Nesta vida fui Martin Luther King e servi ao pai e às crenças da não-violência. Lutei contra a separação racial e busquei implantar por onde passei a lei do amor e da igualdade entre os povos.

Quando no plano espiritual fui levado por seres de Luz me vi no Egito, onde lembrei ter sido um sacerdote da Grande Mãe, a Deusa Maat, da Justiça. Ali, como sacerdote, cuidei de muitas almas e ajudei as pessoas a encontrar descanso, paz e harmonia, mas também fui cruel, pois não tinha olhos preparados com o amor.

Não sabia amar. Não sabia olhar e ver além das aparências, então julgava apenas por aquilo que era capaz de entender com a razão humana que vê as diferenças e deseja impor uma justiça sem conhecer a verdade interior. Por isso muitas vezes pequei, errei, mas naquela época era um poderoso sacerdote e usava minha força, poder pessoal para ditar regras e dizer onde as pessoas deveriam ir, onde não ir, em que calçada pisar. E no meu caminho de ascensão e cura, muito tempo depois, nasci nos Estados Unidos e vim comprometido a aprender a não julgar pelas aparências. Trouxe a carga espiritual da minha consciência limitada e com meu carma a ser espiado, porque assim desejei limpar meus erros.

Quero dizer a vocês que, quando a pessoa resgata a consciência profunda do seu carma, não mais lhe será cobrado vivê-lo.

A liberdade do carma existe, porém muitas vezes as almas se sentem tão prisioneiras que não ousam viver diferente, expandir sua consciência e se libertar. Julgam o tempo inteiro e, quanto mais julgam, mais se aprisionam. Quanto mais olham os defeitos do outro, mais se prendem no seu próprio olhar.

Hoje sirvo à universidade da Chama Branca em expansão no Décimo Segundo Raio quando oferece a luz de todas as outras chamas em um lindo brilho furta-cor. Amo profundamente o Cristo Jesus, o Mestre do amor, e sirvo Seus ensinamentos porque acredito que enquanto o Homem estiver preso ao carma e à sua mente atrofiada e triste não dará espaço ao amor divino.

Aprendi com os mestres que a morte não é castigo. É um novo estágio da vida espiritual. Não é um fim em si mesma, mas um novo começo.

Renasçam dos seus carmas, acreditem numa libertação e expandam a sua consciência, porque isso é absolutamente possível.

A universidade do espírito, a Chama Branca Opalina, à qual sirvo, a energia da libertação fala da ascensão pessoal como um processo de vida, como um caminho. Não é algo apenas para os santos, porque assim não me considero. Aprendi que apenas o Homem pode elevar a sua consciência e amar, amar, amar mais a cada dia, a cada tempo, a cada momento.

Na minha fé abençoo vocês, amo e continuo acreditando em uma sociedade de iguais, no amor e na fé, e sei que cada um de vocês pode acessar essa consciência e luz.

Paz."

MENSAGEM CANALIZADA EM *4 DE ABRIL DE 2007*

Décimo Segundo Raio – Branco Opalino – Furta-Cor

Virtudes — Atua no Plano da Ascensão, promove a libertação de questões cármicas e a compreensão da ação espiritual em nossas vidas. É uma energia cheia de bênçãos e luz, que se derrama sobre nós como uma graça.

Cor original — Branco Opalino ou Furta-Cor.

Desafio para entrar em sintonia com a vibração deste raio: Como esta é a Chama da bem-aventurança, a ligação que podemos fazer para receber essa energia é através de estados de iluminação e expansão. Vamos dizer que não somos nós que nos elevamos para receber as graças dessa energia e sim que em ocasiões especiais ela se derrama sobre nós como uma bênção.

Como expliquei logo no início deste livro, as experiências que compartilho vêm da vivência com os conceitos espirituais que vão se apresentando na minha vida. A presença desses cinco raios divinos mais ligados à expansão da consciência chegou até mim naturalmente. Meu trabalho foi codificar as mensagens que recebo e conectá-las com verdades universais proferidas por vertentes filosóficas confiáveis e estudadas por outros autores imbuídos de uma pesquisa séria e profunda nos assuntos espirituais.

Pessoalmente acredito que não adianta nada saber de coisas bonitas e profundas intelectualmente se não as acalentamos no coração e na prática da vida diária.

Quando o raio Branco Opalino se manifestou, me trouxe entendimento da sua atuação em um terrível acidente de avião que aconteceu em São Paulo. Toda a cena que me foi mostrada estava coberta por essa luz espiritual que trazia uma vibração cheia de paz, amor e acolhimento.

Devo explicar que não quis usar a mediunidade para ver o acidente como alvo da curiosidade, mas para entender o que uma situação perturbadora como essa tem a nos ensinar. Claro que desejei também ajudar as pessoas que estavam sofrendo naquele momento, mas de forma alguma ousei impor a minha presença. Tentei respeitar ao máximo o que acontecia no astral.

O que narro a seguir elaborei em seguida ao ocorrido.

❦

Escrevi o texto seguinte na quarta-feira seguinte ao acidente do avião que caiu em São Paulo em 2007. Meu objetivo foi compartilhar com os leitores os sentimentos e as percepções sobre esse momento de grande impacto. Pensei nas conotações de como o escrito poderia repercutir na cabeça de pessoas que poderiam achar minhas colocações oportunistas, como muitas mensagens que circulam quando acontece algo desse tipo, mas mesmo assim resolvi arriscar colocando o que senti quando tudo aconteceu porque entendi que acessei uma visão tão lúcida e amorosa do acontecido que ela não pertencia só a mim.

Foi muito interessante observar que depois desse texto publicado recebi inúmeros *e-mails* de agradecimento e pedidos de esclarecimento.

Entendi que se faz necessário em momentos como este, que tanto nos perturba, trazer esperança na continuidade da vida, e que o que vi e senti poderia de alguma forma ajudar os que sofrem. Assim fiquei feliz em ver meu texto lido tantas vezes trazendo algum conforto para o sofrimento.

❦

Naquela terça-feira na hora do acidente com o avião em São Paulo estava na minha casa respondendo *e-mails* quando meu marido ligou perguntando se eu sabia de alguma coisa do desastre. Foi aí que liguei a televisão e assisti à cena do terrível incêndio. Uma cena chocante que com certeza perturbou milhões de pessoas que, como eu, pensaram nas famílias das vítimas, nas que tiveram sua história ceifada pela morte e por toda a insegurança que viver nos oferece.

É impossível em um momento como esse não pensar que poderia ser qualquer um de nós naquele avião, ou que poderia ser a nossa família desesperada em busca de notícias junto às autoridades. Sim, poderia mesmo ser a nossa hora de morrer, porque a morte é a grande e indesejável certeza da vida.

Parece que nunca estamos preparados para ela. Sempre ocupados com nosso dia-a-dia, nossas conquistas ou nossos sofrimentos, nos ocupamos pouco pensando na morte ou nos preparando para ela. Tocamos a vida como eterna e a morte como um acidente.

Inebriamo-nos tanto com o mundo material que esquecemos que somos espíritos experimentando a matéria e não seres humanos que de repente morrem...

Nos esquecemos que estamos neste mundo de passagem, e que a morte é um momento para um novo estágio no plano espiritual.

Como trabalho com a mediunidade e a visão do mundo sutil, teoricamente não deveria esquecer dessa condição temporal do ser, mas preciso confessar que muitas vezes me envolvo na vida corriqueira como esposa, mãe, terapeuta, enfim, a vida de uma pessoa comum... Mas nessas horas de catástrofe meu coração, ainda que afetado pela dor das pessoas, se expande e encontra a presença acolhedora do amor de Deus.

Devo dizer que tenho todos os dias a comprovação da existência de vida espiritual quando acesso as memórias de vidas passadas dos clientes. E dessa vez resolvi compartilhar com meus amigos leitores o que vi quando meditei e me conectei com o acidente para enviar luz e amor às pessoas envolvidas. O que coloco a seguir foi o que acessei no plano espiritual:

"Era fim de tarde em tons suaves. O céu ainda não estava totalmente escuro, uma névoa esbranquiçada tomava conta da pista onde o avião quebrado aparecia. Hoje sei que essa luz suave opalina era a presença energética do décimo segundo raio. Não era apenas uma cor, mas uma forte vibração cheia de amor e paz que acolheu as pessoas e as colocou em um estado de tranquilidade. Funcionou como uma espécie de anestesia espiritual.

Pessoas saíam andando, carregando alguns pertences e segurando seus telefones celulares ainda perplexas com o ocorrido. Alguns tinham pequenos arranhões e eram amparados em macas levadas para as ambulâncias que estavam próximas. Muitos médicos e enfermeiros estavam a postos, atendendo as pessoas, acalmando os aflitos e pedindo calma.

Ouvi uma pessoa dizer que tudo estava sendo providenciado, que as pessoas deviam manter a calma, que tudo se ajeitaria.

Um senhor de terno disse que o celular estava com problema e que ele queria se comunicar com a família.

Logo foi dito que as famílias seriam avisadas e que tudo ficaria bem.

Vi também que as pessoas continuavam pensando em trabalho, em compromissos, pois afinal ainda se acreditavam vivas. E estavam de fato vivas, só que em outra condição.

Foi mostrado que essas pessoas em seu momento de passagem para o plano espiritual foram poupadas da cena terrível que vimos na televisão. Foi me dito que os mentores não queriam que elas carregassem essa impressão para não prejudicar seu aprendizado sobre essa nova condição do seu ser. Também me foi explicado que todos os que estavam ali haviam cumprido o seu tempo nessa existência e que a morte deveria ser encarada como algo natural".

Apesar do impacto do acidente, acho que todos nós deveríamos vibrar por esse amparo espiritual, pois o amor de Deus está a todo momento à nossa disposição, mas quando sofremos e acreditamos no padecimento como uma verdade em nossa vida, não deixamos espaço para sentir esse amor, essa vibração da chama furta-cor ou opalina.

Quando acreditamos que a vida na matéria é a verdadeira vida, limitamos a ação espiritual para alguns momentos no nosso dia em que elevamos o pensamento pedindo ajuda.

Todos sabemos que o nosso tempo de vida é limitado e que a morte nos espera, e muitos dentro dessa realidade pensam que aproveitar a vida é viver intensamente sem se preocupar com as condições consequentes de nossos atos. Não acho que devemos temer o resultado dessas ações, porque se agirmos de forma boa e tranquila o resultado também será bom, mas com certeza devemos nos preparar para o amanhã.

~~~

O poder da chama furta-cor ou opalina envolve todo o plano espiritual. Nas escrituras hindus é conhecida como o estado de bem-aventurança, ou o samadhi dos santos e iluminados. Mas os mestres ensinam que sempre derramam sobre nós sua energia amorosa e lúcida para nos ajudar na condução do dia-a-dia.

Esse plano de consciência não está à nossa disposição, mas ainda assim devemos aceitar que ele existe. Uma gota dessa energia é capaz de aliviar a dor de muitos.

Elevar a consciência não acontece como uma ação fortuita da divindade que se derrama em graça e luz sem o nosso envolvimento, mas pode ser encarada como uma coroação de esforços na caminhada espiritual. Os mestres nos incitam a continuar na caminhada para, no momento da ascensão, beber do sagrado néctar. Boa sorte a todos nós!

Mediunicamente acho que acessei uma ínfima partícula do amor divino se derramando sob a consciência de pessoas aflitas na hora daquele acidente e o benefício da energia agindo em minha mente trouxe mais uma fagulha da compreensão da ação divina.

Aprendi com os mestres que Deus não nos castiga, ao contrário, como foi mostrado nessa visão, Ele cria acolhimento e nos direciona continuar o caminho com esperança no coração, pois dias melhores sempre virão.

Meditação da Chama Branca Opalina — Furta-cor

Visualize a presença de Anjos à sua volta trazendo vibração amorosa, paz e tranquilidade. Abra os olhos da mente e deixe que o Anjo que veio para trabalhar a sua cura se manifeste à frente. Abra o coração e a mente para receber desse Anjo aquilo que ele veio lhe dar. Permita receber. Pode ser um símbolo, uma bênção, uma ideia ou uma palavra.

Permita que este Anjo troque energia com você e deixe que o amor dele flua até o seu coração.

Sentindo esse amor, emane gratidão, paz, entendimento, alegria e felicidade. Vibre pelo bem da família, amigos, sua cidade e para a humanidade.

Sinta com alegria você em sintonia com o seu Anjo e, com esse sentimento bom, com essa vibração, retorne de sua meditação.